Sobre
jasmins,
bombas
e faraós

Carolina Montenegro

—

Sobre
jasmins,
bombas
e faraós

2ª edição

EDITORA RECORD
RIO DE JANEIRO • SÃO PAULO
2014

CIP-BRASIL. CATALOGAÇÃO NA PUBLICAÇÃO
SINDICATO NACIONAL DOS EDITORES DE LIVROS, RJ

M783s
2ª ed.

Montenegro, Carolina
    Sobre Jasmins, bombas e faraós: reportagens de uma
viagem pela Primavera Árabe / Carolina Montenegro. – 2ª ed. –
Rio de Janeiro: Record, 2014. il.

ISBN 978-85-01-04896-7

1. Movimentos de protestos – Oriente Médio – História – Séc. XXI.
2. Jornalistas Brasil - Narrativas pessoais. I. Título.

14-12942

CDD: 956.91
CDU: 94(569.3)

Copyright © Carolina Montenegro, 2014

Todos os direitos reservados. Proibida a reprodução, armazenamento ou transmissão de partes deste livro através de quaisquer meios, sem prévia autorização por escrito. Proibida a venda desta edição em Portugal e resto da Europa.

Texto revisado segundo o novo Acordo Ortográfico da Língua Portuguesa.

As imagens do encarte sem indicação de crédito são propriedade da autora.

Direitos exclusivos desta edição reservados pela
EDITORA RECORD LTDA.
Rua Argentina, 171 – Rio de Janeiro, RJ – 20921-380 – Tel.: 2585-2000

Impresso no Brasil

ISBN 978-85-01-04896-7

Seja um leitor preferencial Record.
Cadastre-se e receba informações sobre
nossos lançamentos e nossas promoções.

Atendimento direto ao leitor:
mdireto@record.com.br ou (21) 2585-2002.

Para meus pais, Paulo e Janda,
pelo seu amor incondicional,
e para Luciana e Fernanda,
minhas irmãs e melhores amigas da vida inteira.
Sem vocês nada disso teria sido possível.

Há um provérbio que diz que até que os leões tenham seus próprios historiadores, a história da caça sempre irá glorificar o caçador. Só entendi o que isso significava depois. Quando entendi, eu tinha que ser um escritor. Tinha que ser aquele historiador. Não é o trabalho de um homem. Não é o trabalho de uma pessoa. Mas é algo que temos de fazer, para que a história da caça também reflita a agonia, a dor e a bravura dos leões.

Chinua Achebe

Sumário

Roteiro — 11
Cronologia — 13
Introdução — 17

PRIMEIRA PARTE
Líbano

Ahlan wa sahlan — 23
Beirute é uma cidade que vibra — 29
Onde mora o Hezbollah — 35
(Não) vou de táxi — 39
Colegas jornalistas — 43
Blackout sírio — 51
Sem emprego — 67
Aniversário de trinta anos — 73
Jad e Jake — 77
Casamento libanês — 81
Arte contra a guerra — 87
A peste do exílio — 99
Brasil ♥ Síria — 101
As noivas sírias — 107
O Che Guevara sírio — 111
Yallah bye! — 127

DESVIO DE ROTA
Londres

SEGUNDA PARTE
Tunísia

Desemprego	141
"As coisas não são como antes"	145
Printemps Arabe	149
Aperte "on" para a revolução	153
De volta à vida real	161
Wafa	169
No berço do berço da Primavera	173
Pé na estrada	183
Os refugiados que não eram líbios	187

BREVE RETORNO
Líbano

TERCEIRA PARTE
Egito, Umma al Dunya

O grande irmão zela por ti	211
Praça Tahrir	217
Conclusão	273
Referências na internet	285

Roteiro

1. São Paulo - Brasil
2. Beirute - Líbano
3. Londres - Reino Unido
4. Túnis - Tunísia
5. Cairo - Egito

São Paulo - Brasil (1) ▶ Beirute - Líbano (2)
Beirute - Líbano (2) ▶ Londres - Reino Unido (3)
Londres - Reino Unido (3) ▶ Túnis - Tunísia (4)
Túnis - Tunísia (4) ▶ Beirute - Líbano (2)
Beirute - Líbano (2) ▶ Cairo - Egito (5)
Cairo - Egito (5) ▶ Beirute - Líbano (2)
Beirute - Líbano (2) ▶ São Paulo - Brasil (1)

Cronologia

2010

17 de dezembro: Mohammad Bouazizi ateia fogo ao próprio corpo em frente ao prédio do governo de Sidi Bouzid (Tunísia).

18-21 de dezembro: Protestos contra o governo em Sidi Bouzid.

25 de dezembro: Primeiras manifestações em Túnis.

2011

3 de janeiro: Ciberataques em massa a sites do governo na Tunísia.

4-7 de janeiro: Manifestações em toda a região central da Tunísia.

6 de janeiro: Prisão do blogueiro e rapper "El General" (Tunísia).

9 de janeiro: O chefe do Exército se nega a atirar em manifestantes (Tunísia).

13-14 de janeiro: Ben Ali declara que não vai concorrer às eleições em 2014; no dia seguinte, foge para o exílio na Arábia Saudita.

17 de janeiro: Governo de "unidade nacional" assume o poder, liderado pelo ex-premiê Mohammad Ghannouchi.

25 de janeiro: Início da revolução no Egito; oposição ocupa a praça Tahrir, no Cairo.

28 de janeiro: Durante protestos no Egito, a internet é bloqueada.

1º de fevereiro: Um milhão de pessoas protestam contra o regime no Egito, metade no Cairo. Hosni Mubarak anuncia que vai ficar no poder até o final de seu mandato em setembro.

11 de fevereiro: "Sexta-feira do adeus" no Egito. Mubarak renuncia e se retira para Sharm el-Sheikh; o poder é transferido às Forças Armadas.

13 de fevereiro: Suspensão da Constituição e dissolução do Parlamento no Egito; renúncia do chanceler da Tunísia.

16-17 de fevereiro: Protestos em Benghazi; "Dia da Fúria" na Líbia.

21 de fevereiro: Benghazi sob controle dos rebeldes, confrontos em Trípoli.

15-16 de março: Manifestações contra o governo em Alepo, Damasco, Deraa, Hama e Deir Ezzor (Síria).

17 de março: Resolução do Conselho de Segurança da ONU autorizando intervenção na Líbia.

19 de março: Ataques de forças francesas, americanas e britânicas, com apoio da Otan, a alvos pró-Gaddafi.

25 de março: Protestos em massa se espalham pela Síria.

21 de abril: Vitória dos rebeldes líbios em Misrata.

25 de abril: Exército é enviado para Deraa.

20 de outubro: Gaddafi é morto durante a batalha de Sirte.

23 de outubro: Tunisianos votam na primeira eleição pós-revolução para escolher membros da Assembleia Constituinte; Ennahda ganha a maioria, com 37% dos votos.

12 de dezembro: Moncef Marzouki é eleito pela Assembleia Constituinte presidente interino da Tunísia.

2012

2 de junho: Mubarak é sentenciado à prisão perpétua, pela morte de manifestantes no Egito.

15 de julho: Síria está em guerra civil, declara Comitê Internacional da Cruz Vermelha (CICV).

24 de julho: Comissão eleitoral anuncia que Mohammed Morsi venceu a primeira eleição presidencial livre do Egito com 51,7% dos votos.

2 de agosto: Kofi Annan renuncia ao posto de enviado especial da ONU para a Síria, após tentativas fracassadas de um plano de paz.

27 de dezembro: Mubarak é transferido para hospital militar, com estado debilitado de saúde.

2013

25 de janeiro: Manifestações pelo aniversário de dois anos da revolução acabam em violência, com sete mortos e mais de quatrocentos feridos no Egito; protestos contra o governo Morsi se espalham pelo país durante uma semana.

6 de fevereiro: Chockri Belaïd, líder da coalizão de oposição Frente Popular, é assassinado do lado de fora de sua casa (Tunísia); onda de protestos pelo país.

6 de março: Número de refugiados sírios registrados nos países vizinhos chega à marca de 1 milhão, segundo a Agência da ONU para Refugiados (Acnur).

5 de abril: Aviões israelenses bombardeiam Damasco para interceptar carregamento de mísseis que seriam enviados ao Hezbollah no Líbano; governo sírio denuncia violação do Direito Internacional. É o segundo ataque de Israel à Síria em três dias e o terceiro no ano.

23-25 de abril: EUA, França e Reino Unido denunciam evidência de uso de armas químicas na Síria.

24 de maio: Rússia anuncia que o governo sírio concordou em participar de negociações de paz em Genebra. A iniciativa estava sendo orquestrada por Washington e Moscou para junho.

Introdução

> *A rua é enorme. Maior, muito maior do que eu esperava. Mas também a rua não cabe todos os homens. A rua é menor que o mundo. O mundo é grande.*
>
> Carlos Drummond de Andrade, "Mundo grande"

Sobre jasmins, bombas e faraós nasceu no Brasil e ganhou vida em minhas viagens pelo Líbano, Tunísia e Egito, terminando de ser escrito em Genebra, na Suíça. Originou-se de duas paixões minhas, o Oriente Médio e o jornalismo, e é sobre as aventuras que vivi pela estrada da Primavera Árabe, os lugares por onde passei e as pessoas que conheci.

Trata-se de uma grande reportagem que flerta com a literatura e não tem a pretensão de ser exata, imparcial ou objetiva. Tampouco inclui camelos ou tapetes voadores. Desfazer estereótipos sobre o Oriente Médio é um dos principais objetivos deste livro. O Líbano, a Tunísia e o Egito que aparecem nestas páginas são de carne e osso. Têm nomes, rostos, sonhos. São feitos de gente brava; jovens, professores, pais de família e rebeldes que saíram em protesto pelas ruas do mundo árabe em 2011, derrubaram ditaduras criadas para ser infinitas e mudaram o mundo.

Esta obra, portanto, existe graças à generosidade de pessoas extraordinárias que cruzaram meu caminho e me deixaram espiar um pouco de suas vidas pela janela. Entre elas, as noivas sírias Roy e Sarah, o Che Guevara alauita, Issa, os irmãos libaneses Jad e Jake, o hacker tunisiano Slim, a refugiada etíope Rahel, a primeira e única proprietária mulher de um hotel no Cairo, Dina.

Muito da existência deste livro se deve ainda à minha curiosidade sobre tudo isso, mas também a uma grande inquietação, por ver o jornalismo internacional no Brasil tão limitado a coberturas cada vez menores e superficiais dos jornais diários e revistas. E pautado por uma agenda estrangeira, ainda obedecendo à lógica míope de que, se algo saiu no *New York Times* ou no *Le Monde*, então é notícia, e de qualidade.

No Brasil, aprendi tudo o que sei de jornalismo, trabalhando com profissionais excelentes. Depois, saí para ver o mundo. E foi com esses olhos brasileiros que vi o Líbano, a Tunísia e o Egito. Escrevi sobre eles sem tentar escapar dessas "lentes" e com a sincera intenção de compartilhar um pouco das experiências vividas e o que descobri sobre essa porção do mundo árabe.

Por questões logísticas, financeiras e editoriais, restringi minhas viagens a esses três países. Desde 2011, a Primavera Árabe, porém, já tinha se expandido da Tunísia para o Egito, a Líbia, o Bahrein e a Síria, além de ter ameaçado ensaios também na Jordânia, Argélia,

Marrocos, Iêmen, Sudão, Iraque, Kuwait, Omã e Arábia Saudita. Viajei à região dois anos depois do início da onda de protestos, tempo suficiente para poder ver de perto as transformações ocorridas nesses três países e na vida de algumas pessoas que viviam ali.

O livro foi organizado em três partes. A primeira trata dos sírios no Líbano. São artistas, médicos, camponeses e estudantes. Milhares de pessoas com a vida em suspenso, refugiadas, esperando a paz para retornarem ao seu país. A segunda é sobre a Tunísia e os desafios da democracia no país pós-revolução. E a terceira e última parte se passa no Egito, tendo como foco a situação das mulheres.

Com a abordagem desses temas, que me pareceram urgentes e me perturbaram profundamente, proponho levantar debates e reexaminar fatos. Prever o futuro dessas revoluções, porém, seria impossível. Seguem em aberto mil e uma perguntas. O que está acontecendo nessa região? Por que agora? Quão árabe ou estrangeira é a origem da Primavera? Para onde esse movimento caminha?

A mim, resta uma única certeza: a de que o momento é histórico e o norte da África e o Oriente Médio já não são mais os mesmos. Resta ainda o desejo de que as histórias contidas neste livro também o movam, caro leitor.

C. M.
Genebra, 27 de maio de 2013

Primeira Parte

Líbano

> Creio que estava no Líbano porque acreditava, de uma maneira um tanto indefinida, estar testemunhando a história — que veria com meus próprios olhos uma pequena parte dos eventos épicos que delinearam o Oriente Médio desde a Segunda Guerra Mundial [...]. Suspeito de que seja isto de que trata o jornalismo — ou pelo menos aquilo que deveria ser: assistir à história e testemunhá-la e, então, apesar dos perigos e das restrições e de nossas imperfeições humanas, registrar tudo da maneira mais honesta possível.
>
> ROBERT FISK, *Pobre nação*

Ahlan wa sahlan

Desembarquei em Beirute, capital do Líbano, numa noite de outubro de 2012, alguns dias após a explosão de uma bomba na praça Sassine (uma praça que não é uma praça, mas sim uma rotatória), no bairro cristão de Achrafieh. Oito pessoas morreram e mais de setenta ficaram feridas. Era o primeiro atentado desse porte no país após quatro anos de relativa tranquilidade.

Minha amiga britânica Olivia e seu namorado libanês Hassan me pegaram no aeroporto. "Ahlan wa sahlan, habibti!", eles me saudaram dando boas-vindas em árabe. Alguns de seus amigos europeus tinham cancelado visitas ao Líbano após a bomba virar manchete no mundo todo. Eu avaliara ser seguro viajar depois de acompanhar as notícias pela mídia local e consultar várias fontes e amigos que viviam no país.

Fazia tempo que eu queria voltar ao Líbano, sentia muita saudade de Beirute. Era uma cidade que passara a morar em mim depois que saí de lá, em 2009. Mas quando desembarquei de volta ali não podia imaginar o que me esperava. Minha vida viraria de cabeça para baixo.

No caminho do aeroporto para o hotel, eu ia reconhecendo as avenidas e ruas. Era como se eu nunca houvesse saído do Líbano, nada havia mudado. Mas fazia três anos desde a última vez que eu estivera no país, em um intercâmbio sobre política no Oriente Médio chamado Beirut Exchange. Era um programa de diálogo entre o Ocidente e o Oriente Médio organizado pela agência de notícias MideastWire em parceria com a Universidade Americana de Beirute (AUB, na sigla em inglês).

Foi quando também conheci Olivia. Inteligente, irônica e divertida, ela sempre fazia algum comentário interessante sobre as palestras. Tinha cabelos castanho-claros compridos, um sotaque britânico inconfundível e usava óculos de armação preta. De noite, depois do curso, sempre dividíamos um sushi perto do hotel onde estávamos hospedadas. Simpatizamos uma com a outra e rapidamente viramos boas amigas. Desde então, eu mantinha contato com ela por e-mail. Olivia era antropóloga e estava fazendo mestrado em Estudos do Oriente Médio na Universidade Americana de Beirute.

Hassan e ela se conheceram numa das mil franquias do Costa Café, uma rede britânica em Beirute ao estilo do Starbucks. Ele tinha os olhos grandes com cílios compridos típicos dos libaneses. Era bem-humorado, gostava de fazer musculação e de assistir a documentários sobre bichos estranhos na TV a cabo. Era apaixonado por Olivia e formavam um belo casal.

Olivia me contou que, nos dias seguintes ao atentado, ficou na casa da família de Hassan num subúrbio xiita de Beirute. A mãe dele não a deixou sair de lá até a situação se tranquilizar. "Ela ainda se lembrava da guerra civil no Líbano [1975-1990]. Achou que a bomba poderia ser o estopim de um novo conflito", disse Olivia.

Nas ruas, havia mais soldados do que o comum. O centro da cidade (reconstruído depois do fim da guerra civil e cheio de lojas de grifes famosas) tinha circulação restrita por vários postos de controle. Carros não passavam por muitas áreas, que estavam abertas apenas para o trânsito de pedestres. Prédios do governo e centros comerciais estavam resguardados com tanques e barreiras de arame farpado.

O Exército no Líbano, porém, era uma instituição enfraquecida, com pouco poder *de facto* e político. Quando Israel atacou o país em 2008, foram as forças do Hezbollah (a milícia armada xiita apoiada pelo Irã e pela Síria que virou um partido político e ganhou a maioria do Parlamento) que contiveram o avanço israelense. O governo fragmentado também tinha sua legitimidade e união questionadas pelo próprio povo libanês, de tempos em tempos.

Mas, então, quem estava governando o país? Difícil responder. O Líbano era uma mistura única no Oriente Médio de muçulmanos (sunitas e xiitas), cristãos e drusos. Depois da guerra civil, um acordo para a divisão do poder foi costurado entre os líderes desses vários grupos religiosos. O objetivo era tentar garantir a representatividade de todas as parcelas da população. Na teoria, uma boa ideia, mas na prática o formato político era bastante instável e sujeito a influências externas de países como os Estados Unidos, a França, a Síria e o Irã.

Fácil era notar, porém, que o Líbano gostava de uma boa festa. Em tempos de guerra ou não. Nas ruas dos bairros cristãos de Beirute, era Halloween, e crianças fantasiadas pediam doces nas casas. Adultos bebiam nos bares, vestidos de mulher, caveira ou em trajes de freiras.

As pessoas falavam alto, rindo e buzinando nas ruas. Como em dias de carnaval no Brasil.

Nos bairros muçulmanos, era o início da Ashura, feriado em que os muçulmanos xiitas velam a morte de Hussein, neto de Maomé, na batalha de Kerbala. A data é celebrada no Líbano, Irã, Turquia, Azerbaijão, Iraque, Bahrein e Paquistão. Durante quase trinta dias, aconteciam cerimônias de celebração no país. Eram imolações e sacrifícios cheios de sangue.

Olivia e Hassan me contavam sobre a celebração enquanto jantávamos em um restaurante japonês no bairro cristão de Gemmayzeh. Ahmad, o melhor amigo de Hassan, estava junto. Olhos puxados, barba rente e um raro sorriso. Ele fazia pose de "bad boy", usava jaquetas de couro, gostava de motos e de jiu-jítsu e fumava um cigarro atrás do outro. Era tímido e gentil, o tipo de pessoa que a gente descobre e gosta com o tempo.

Ahmad tinha uma cicatriz de três cortes no topo da cabeça. As marcas apareciam no cabelo rente e eram de golpes de facão. A cada ano ele fazia mais uma em sacrifício durante a Ashura. "Da última vez, desmaiei, perdi muito sangue", contou.

Na mesa ao lado, uma família ouvia horrorizada nossa conversa. Hassan percebeu e pediu que falássemos mais baixo. Logo depois, mudamos de assunto. Apesar de tradicional no Líbano (onde cerca de 30% da população é xiita), a Ashura não era vista com bons olhos por estrangeiros e por cristãos libaneses, por causa dos rituais de derramamento de sangue em público. As maiores celebrações aconteciam em cidades do sul do Líbano, a principal era Nabatyeh.

Eu tinha me esquecido de quão multicultural e paradoxal era o Líbano. Durante o jantar, em meio aos pequenos detalhes da vida cotidiana local, voltei a ter essa percepção. Trata-se, como no Brasil, de um país muito aberto aos estrangeiros e a diversas religiões e grupos étnicos. A diferença é que lá as pessoas convivem com o diferente, enquanto no Brasil elas se misturam ao diferente, engolindo-o e anulando-o. No Líbano, há rótulos e barreiras para delimitar o "diferente". A religião está indicada na identidade de cada pessoa, as pessoas moram nos bairros dos "seus" e se casavam também com os "iguais". Mas se há no país um "diferente" que consegue ser querido entre gregos e troianos, é sem dúvida o brasileiro.

* * *

Na minha primeira semana relembrando e explorando Beirute, entrei num mercadinho na esquina do meu hotel para comprar uvas-passas. Depois de dez minutos experimentando todos os tipos de amêndoas à vista, comprei pistaches, grão-de-bico e avelã. Não havia uvas-passas, mas eu já tinha quase me esquecido delas em meio a tamanha variedade de grãos e passas. As especiarias, grãos, sementes e culinária do Oriente Médio eram imbatíveis.

Do outro lado do balcão, o moço gentil que me atendia perguntou em inglês de onde eu era. Respondi ser do Brasil. Ele olhou espantado para seu colega vendedor, que me disse em um português carregado de sotaque árabe: "Eu também sou brasileiro!" Caí na gargalhada. Ele tinha a cara mais libanesa do mundo e se chamava Eduardo.

Sua mulher e filhos estavam em São Paulo e ele voltara para o Líbano por causa da mãe idosa doente.

"Aqui tem muitos brasileiros, todo libanês tem algum parente que já foi para o Brasil ou mora lá. Minha filha está vindo para cá logo mais também, ela adora o Líbano", disse ele, mostrando-me a foto de uma menina bonita, que tirou da carteira.

De fato, muitas e muitas vezes depois, quando eu me identificava como brasileira, ouvia as pessoas no Líbano citarem a famosa cifra. "São 10 milhões de libaneses no Brasil, mais do que no próprio Líbano", me diriam taxistas, professores, feirantes e lojistas do país, que tem cerca de 4 milhões de habitantes.

A família de Eduardo morava numa cidadezinha nas montanhas perto de Zahleh. Ele prometeu me ligar no dia seguinte para eu conhecer seus amigos fuzileiros brasileiros que desembarcavam em Beirute quando tinham folga da patrulha na fragata *Liberal*.

O navio fora enviado pelo Brasil para integrar a frota marítima da Unifil, a missão de manutenção da paz da Organização das Nações Unidas (ONU) no Líbano. E os marinheiros brasileiros iam à loja de Eduardo todo domingo beber uma cerveja e jogar conversa fora. Fiquei feliz e surpresa com a coincidência. Mal imaginaria naquele momento que mais tarde visitaria a fragata e entrevistaria o almirante do navio. As histórias, de fato, apareciam de uma forma inexplicável no meio do meu caminho. E Beirute era, afinal, uma cidade pequena.

Beirute é uma cidade que vibra

Em Beirute, as pessoas comem fígado e bebem vitamina de abacate, como no Brasil. Também ouvem Gustavo Lima, Michel Teló ou qualquer outro hit brasileiro do momento. Hassan e Ahmad, por exemplo, acompanhavam de perto as lutas do Anderson Silva no UFC.

As mulheres fazem plástica no nariz, colocam silicone e carregam na maquiagem. Cristãos, xiitas, sunitas e drusos vivem lado a lado nas ruas, no trabalho e são amigos, mas não se misturam quando o assunto é família. Casam apenas entre os seus.

"Gemmayze é mais seguro do que Hamra. Se você é católica, é melhor ficar perto dos seus", aconselhou-me Mary, uma professora de francês aposentada e proprietária de um apartamento que fui ver para alugar em Achrafieh. Ela pintava Hamra como um lugar supostamente violento porque era um bairro muçulmano. Mas havia algumas semanas a bomba na praça Sassine tinha explodido a menos de 500 metros da casa dela, em território cristão. "Só alugo o apartamento para europeus, não aceito nem libaneses", emendou taxativa e duplamente preconceituosa.

Uma rede de tevê libanesa tinha iniciado uma campanha em prol do laicismo no Líbano. "Primeiro você é libanês, depois cristão, muçulmano ou druso", era mais ou menos a mensagem.

As pessoas no país, porém, continuavam se identificando primeiro pela religião. É também o que acontece no Iraque e na Síria. Cada país, na verdade, abriga há décadas fiéis de três ou quatro religiões diferentes em partes diversas de seu território.

Beirute também é religiosa. Igrejas e mesquitas se alternam praticamente a cada esquina. Nas áreas cristãs, é comum avistar imagens de santos na entrada dos prédios, nas escadas e em caixas de vidro nas calçadas. Mas ali a fé, apesar de levantar barreiras, concorre com os banhos de mar e com a agitada vida noturna.

Beirute é uma cidade que canta, dança e fuma desbragadamente. Em 2012, entrou em vigor uma lei proibindo o fumo dentro de estabelecimentos comerciais, nos mesmos moldes do que já acontecia no Brasil e na Europa. Apesar do protesto de muitos libaneses e de alguns proprietários temerem o prejuízo com a restrição de narguilé, a norma vingou. Para contornar a situação, bares e restaurantes improvisaram áreas abertas ou os clientes saem para fumar na calçada. No feriado de Ano-Novo, foi feita uma curta exceção e o fumo liberado.

Num sábado ensolarado, passeando pela cidade, me dei conta de como ela me lembrava o Brasil. Saí do centro rumo a Gemmayzeh, um dos principais bairros cristãos da cidade. A influência francesa ali é grande, mas as ruas me pareceram mesmo uma mistura de São Paulo com o Rio de Janeiro. Motos estacionadas nas calçadas, ruas estreitas, carros buzinando, um senhor na sacada observando o movimento.

"Eu levaria até meus pais para Beirute", me disse uma amiga brasileira jornalista que conhecera a cidade em 2012. Tinha ficado impressionada com a realidade tão urbana e tão semelhante à brasileira.

As mulheres usam minissaias nos shoppings. Nos cinemas, os filmes têm dois blocos de legendas: em árabe e em francês. As pessoas riem e conversam em voz alta quando a luz apaga como se estivessem vendo o filme na sala de casa.

Restaurantes, lojas de sucos, quiosques de sanduíches árabes (shawarmas) e mercadinhos estão por todo lado. É nesses lugares que os libaneses praticam a arte de pechinchar, da qual são mestres. Pedir um preço menor por toda e qualquer coisa a ser comprada não é uma ofensa, pelo contrário, faz parte da essência do próprio comércio. Pode até ser romântico — em 2012, por exemplo, as floriculturas anunciavam: "Promoção para impressão em rosas." Gravar a tinta uma declaração de amor ou o nome da amada numa pétala era a última moda entre os enamorados.

Beirute é uma cidade com poucos parques. As pessoas passeiam à beira-mar no *corniche*, o calçadão deles, e fazem jogging de moletom; famílias passeiam com crianças em velocípedes; meninos pescam de dia na estreita faixa de areia, onde os namorados se beijam escondidos entre as pedras de noite; e os ambulantes vendem pães, balões coloridos etc. Ao longe, há um farol (*almanara*, como se diz em árabe). Nesse mesmo trecho da orla, estão alguns dos melhores e mais luxuosos restaurantes da cidade.

É uma cidade cara. "Mais cara do que Berlim ou Londres", ouvi repetidas vezes comentarem os meus amigos europeus que moram na capital libanesa. Os salários são baixos, variam em média de 500 a 700 dólares. E o custo de vida é alto para pagar aluguel, gasolina, alimentação e estudos.

Os jovens libaneses que conseguem uma oportunidade no exterior estão deixando Beirute. "Para onde vão?", perguntei a Olivia. "Para qualquer lugar onde tenham um bom emprego, geralmente países do Golfo", ela respondeu.

As pessoas só saem da casa dos pais para se casar, especialmente as mulheres. Em vez de namorar, ficam noivas, porque o noivado é visto como um compromisso sério com vistas ao casamento. A virgindade é um grande tabu. E os homens devem ser capazes de pagar pelo casamento, ter uma casa e um carro, geralmente, para serem considerados bons partidos. As faculdades mais procuradas são as de Administração e Computação, por conta do maior potencial de geração de emprego.

Em Beirute falta luz, em média, a cada 3 horas. E não é por causa das guerras passadas ou presentes, mas sim devido às décadas de escasso investimento do governo no setor de eletricidade. As poucas termoelétricas do país, geridas pela estatal EDL (Electricité Du Liban), são custosas e estão obsoletas. O resultado é que, no inverno, o interior das casas é frio porque a calefação é fraca, e no verão ferve pela falta de ventilação. No verão de 2012 (quando os termômetros registraram até 40°C), Olivia chegou a ficar sem luz por uma semana em seu bem localizado apartamento em Hamra, um dos bairros mais comerciais de Beirute. Supermercados, shoppings e hotéis eram movidos a geradores próprios.

Às vezes também falta água. É comum as pessoas pagarem caminhões de água para suprir o desabastecimento. Chuva, ao contrário, há em abundância, de noite e no inverno. Tempestades fortes com raios e trovões, que espantam o sono mais pesado.

Pobreza e riqueza convivem lado a lado. Nas ruas, porém, são raros os mendigos. Alguns beduínos vendem rosas em Hamra, a maioria crianças. Suas feições lembram os rom, os ciganos do Leste europeu.

Sobraram poucos vestígios das muitas guerras que Beirute atravessou. Alguns edifícios abandonados pela cidade ainda têm paredes destruídas por tiros e bombardeios. O mais famoso era o prédio arruinado do Holiday Inn, construído como o hotel mais luxuoso da região em 1974. Ficou aberto por menos de um ano até a sua localização privilegiada, no centro de Beirute, torná-lo um ponto estratégico disputado por vários grupos durante a guerra civil (1975-1990).

Em contraste, o centro novo da capital, reconstruído depois do fim da guerra civil no governo do falecido primeiro-ministro Rafik Hariri (que tomou posse da maior parte dos terrenos ali e liderou a reconstrução com empreiteiras sauditas), parece a Champs-Élysées em Paris. Ruas muito luxuosas, repletas de restaurantes caros e lojas de grife internacionais.

No bairro cristão de Achrafieh, a mesma coisa: pululam shoppings frequentados pela elite libanesa. Nas ruas, as pessoas se cumprimentam em francês, "Bonjour!", e as mulheres têm os cabelos mais lindos que já vi, superproduzidos desde às 7h da manhã. Salões de beleza estão por todo canto.

Beirute não é fácil. Exige mais fígado, topete e bolso do que estômago. É uma cidade que não dorme nunca e não dispensa um drinque. As pessoas se arrumam, se perfumam e se exibem ostensivamente. Manda e pode quem tem dinheiro, pose ou poder. Geralmente os três juntos.

Um dia vi um Mercedes com o pisca-alerta ligado cruzando parte de uma rua na contramão. Policiais fardados pararam o trânsito para sua passagem. Algum "big man" (membros do governo ou milionários) estava no carro. A cena ainda era comum também na África. No Brasil, há algumas décadas, era parecido. São lugares onde os governantes são corruptos e, em vez de servir aos cidadãos, usam o poder em benefício próprio. Foram criados e acostumados a uma cultura que valoriza quem é esperto e quem é rico ou tem poder. Quando chegam ao governo, replicam o modelo. Acham isso justo ou são amorais; de toda forma, enriquecem a si e aos seus aliados. São da "espécie" que melhor se adaptou à batalha que é a vida num país pobre. "Aprenderam" à força a sobreviver e proteger seus familiares e amigos.

No Líbano, todo "big man" tem seu próprio exército. Mas o maior grupo armado é o xiita Hezbollah (que, em árabe, significa "partido de Deus").

Onde mora o Hezbollah

De noite, Hassan, Olivia e Ahmad me levaram para uma volta de carro em Dahya, o temido subúrbio bastião do Hezbollah onde moram muçulmanos xiitas e cristãos. Lá Beirute é menos europeia e mais árabe. Há muito comércio e muitas crianças e mulheres nas ruas, que são pavimentadas, mas menos luz elétrica do que nas regiões centrais da cidade.

Dahya é um bairro bastante arborizado, com prédios por todos os lados, e carros amontoam-se nas ruas, sobre as calçadas. Faltam estacionamentos e garagens. Nas áreas mais pobres, não há asfalto e as ruas viram vielas estreitas, pelas quais passa um carro de cada vez.

Passamos pelo complexo onde fica a sede do Hezbollah. Era ali que Hassan Nasrallah (o líder do grupo) discursava e era filmado em imagens que circulavam o mundo. Ao lado, havia um cemitério onde estavam enterrados mártires e líderes do partido.

De lá, demos mais algumas voltas e paramos em frente a uma loja de sucos. Hassan saltou para pegar bebidas para nós e Ahmad foi junto. "Não vamos também?", perguntei a Olivia. Ela me explicou que, como o bairro era bastante conservador, já estava tarde e nós estávamos vestidas sem véu, era melhor não sair. Quando eles voltaram, ficamos os quatro conversando dentro do carro enquanto bebíamos e comíamos sanduíches.

Ahmad e Hassan moravam em Dahya desde pequenos. Quando a região foi bombardeada por Israel, em 2008, eles fugiram para Hamra, outro bairro comercial muçulmano, mais perto do centro de Beirute. Quem tinha parentes ou amigos ali ou em outro canto seguro da cidade, conseguiu abrigo; quem não tinha ficou refém dos hotéis, que se aproveitaram da situação e triplicaram os preços das diárias após o repentino aumento da demanda.

Hassan e Ahmad ainda se lembravam dos sons dos rasantes dos jatos israelenses e das explosões. "Impossível esquecer, tudo tremia. Até hoje, quando lembro, me arrepia. Minha irmã mais nova ficou traumatizada, depois não podia ouvir aviões passando que achava que eram bombardeios", contou Hassan.

Ahmad não tinha nenhuma foto de sua infância. A família dele perdeu tudo quando o prédio em que moravam foi bombardeado e desmoronou. Para Ahmad e Hassan, o Hezbollah é muito corrupto, mas ainda carrega a aura de ser o defensor do Líbano contra Israel.

"Há muita gente ruim e muita corrupção, eles tentam fazer uma lavagem cerebral nas pessoas que querem recrutar", contou Ahmad. Amigo de Olivia há mais de dois anos, ele falava pela primeira vez sobre o assunto. "Fiz parte do Hezbollah por sete anos, recebi treinamento. Mas não gosto de falar sobre essa época da minha vida." Ele disse que o grupo protegia sua família e lhe dava um pagamento mensal. Ahmad não tinha pai e sua mãe e duas irmãs dependiam do sustento dele para sobreviver. Tinham migrado do Iraque para o Líbano quando Ahmad ainda era pequeno.

Perguntei como foi deixar o Hezbollah e ele respondeu: "Foi complicado, eles não aceitaram bem minha decisão." E depois nunca mais disse nada sobre o assunto.

"O Hezbollah atua no vácuo do governo. Eles pagam um benefício mensal para as pessoas que integram o grupo. Fornecem assistência médica e ajudaram a reconstruir Dahya depois dos bombardeios israelenses", explicou Olivia. "Com que dinheiro?", perguntei. "Iraniano, mas eles também têm mais recursos próprios do que se imagina", completou ela. São lojas, negócios, comércios, terrenos e imóveis por todo o Líbano. Sem contar as remessas de dinheiro de pessoas e grupos no exterior que apoiam o Hezbollah. Olivia escreveu sua tese de graduação em Antropologia em Cambridge sobre as obras sociais do grupo xiita e enfrentou árduo escrutínio de seus professores em relação à sua pesquisa. Eles tinham receio de que ela fosse "condescendente" demais com o grupo, que era considerado uma organização terrorista pelos Estados Unidos e pelo Reino Unido, mas ocupava em 2013 a maioria dos assentos do Parlamento libanês, graças ao voto popular e livre da população libanesa.

Como nas favelas brasileiras, o grupo ganhou força principalmente onde o Estado era ausente. E a população da área dominada apoia o Hezbollah mais como defesa ou falta de opção do que por ideologia ou qualquer outra coisa.

(Não) vou de táxi

Em Beirute, os táxis não têm taxímetro. Se você é estrangeiro, cobra-se em dobro. Não há metrô na cidade e as opções de transporte são quatro: carro próprio, táxis, services (os táxis partilhados) ou andar a pé. Os táxis cobram em média 10 mil libras libanesas, enquanto os táxis partilhados cobram preço fixo de 2 mil libras. Em geral, os taxistas são impacientes e rudes. O trânsito na cidade é caótico e os motoristas não respeitam as faixas de pedestres ou os semáforos.

Uma das corridas mais homéricas que fiz foi ao escritório da Agência da ONU para Refugiados (Acnur). Entrei no táxi faltando trinta minutos para o compromisso, depois de já ter caminhado até o centro da cidade para encurtar a distância até o local da entrevista e escapar do trânsito. O motorista esforçava-se para falar inglês enquanto eu praticava meu árabe macarrônico.

Depois que ele entendeu aonde eu queria ir, deu duas voltas no quarteirão. Buzinou, cumprimentou alguém na rua e encostou o carro. "É táxi ou service isso aqui?", perguntei irritada. "É um amigo", respondeu o taxista muito tranquilo. O amigo entrou no carro com a mãe. Eles queriam ir para outro lugar em um ponto diferente do meu. "Não vou pagar como táxi, se estou dividindo", reclamei. Ele respondeu que ia me deixar primeiro. Ele mentia descaradamente e seu nome era Abu Mohamed.

Depois de mil atalhos e várias ruas congestionadas, deixou o amigo e a mãe dele no meio do caminho. Disse que estávamos perto do meu ponto. Respondi que estava com pressa, tinha uma reunião marcada para dali a cinco minutos. Ele parou no sinal vermelho e abordou um menino que passava com um grande bule prateado nas costas. Era um vendedor ambulante de café árabe.

Abu Mohamed me perguntou se eu queria café, agradeci monossilábica, olhando o relógio. Próximo do local, perguntamos dali, perguntamos daqui e finalmente achamos o endereço certo. Abu Mohamed me cobrou 20 mil libras pela corrida de tartaruga. Respondi que era muito. "Não vou pagar isso, só pago 10 mil", afirmei, valente. Mas na minha carteira, por azar, só havia duas notas de 20 mil. "Aqui é longe, o preço é esse mesmo", insistiu ele, prometendo um desconto da próxima vez. Pediu que eu pegasse seu telefone e anotei seu celular.

Uma hora depois, na volta da reunião para o centro da cidade, outro motorista me cobrou 10 mil libras. Percebi, irada, que realmente tinha sido roubada por Abu Mohamed. Enviei uma mensagem para seu celular: "Abu Mohamed, você me roubou. Estou fazendo o mesmo caminho de volta por metade do preço. Alá está olhando tudo. Haram!" Se eu não reaveria meu dinheiro, Abu Mohamed pelo menos perderia o sono, com a minha alusão a um pecado ("haram", em árabe) severamente condenado por cristãos e muçulmanos.

Mais tarde, no mesmo dia, fiz outra corrida memorável. Antes de entrar no carro, perguntei ao motorista se ele podia me levar ao Museu Nacional. "É perto da embaixada da França", completei. Ele respondeu que sim com a cabeça e começou a vagar a esmo pelos quarteirões. Percebi que estava perdido e comecei um incrível diálogo de surdos com ele. Tentei o inglês, mas ele me olhou atônito, apelei para o francês. Nada. Ele parou o carro e eu disse que ia saltar, já abrindo a porta. Ele rapidamente abordou dois jovens que passavam, pedindo ajuda em árabe. Eles se aproximaram da minha janela e conversamos em inglês. Em seguida, explicaram ao motorista aonde eu queria ir.

Na porta da embaixada, ele não tinha troco para os meus 10 mil. Tínhamos combinado 5 mil pela corrida. Eu disse que ia sair do carro e "tchau, paciência, fazer o quê?". Não havia nenhum lugar ali perto para trocar o dinheiro. Ele protestou em árabe. Foi quando perdi as estribeiras. Era muita gente tentando me roubar num dia só. Comecei a falar alto em português: "Não vou pagar, não vou pagar!" Ele se assustou e tirou 4 mil do outro bolso. "Safado, filho da puta!", gritei dentro do táxi e saí batendo a porta.

Fiz planos (que nunca se concretizaram) de sair andando sem pagar nada ou quebrar alguma lanterna do táxi das próximas vezes que algo parecido acontecesse. Impressionante como os taxistas só queriam tirar vantagem da gente em Beirute.

Era por isso que minha amiga Olivia era tão ríspida com todos os motoristas de táxi, mesmo falando já quase fluentemente o árabe. Devia ser cansativo ser um estrangeiro morando em Beirute, pensei comigo mesma. Pior mesmo, só ser um gringo morando no Rio. Mas só pensei essas duas coisas porque ainda não tinha ido ao Cairo. Na capital do Egito, tirar vantagem de turistas estrangeiros era a regra.

Colegas jornalistas

Mais tarde, conheci Issam. Cinegrafista freelancer da agência de notícias Reuters, ele tinha se tornado meu amigo no Facebook, por intermédio da Olivia. Issam era amigo de infância de Hassan e eles até hoje eram vizinhos em Dahya.

Sua família era pobre e sua vida não tinha sido fácil. Ele havia batalhado muito por sua posição profissional e gostava de deixar isso claro. Contava com orgulho sobre as viagens e coberturas que fazia para a Reuters. Falava bastante com as mãos. Tinha olhos escuros grandes, cabelo raspado com longas entradas e barba curta. Era charmoso e engraçado. Também apreciava ser um bon vivant, saía a cada dia com uma garota diferente e exibia roupas de grife e carros luxuosos, bem ao estilo libanês.

O país era pobre, mas a pequena parcela endinheirada da população mantinha um padrão de vida europeu em Beirute e esbanjava dinheiro em público, ao lado dos milionários do Golfo Pérsico que guardavam seus iates na marina e, no verão, visitavam a cidade, conhecida por sua vida noturna.

Issam tinha acabado de voltar da Turquia, onde estava cobrindo a crise síria. Desde o início da revolução na Síria em março de 2011, milhares de refugiados tinham fugido para a Turquia, onde eram mantidos em campos montados pelo governo.

"Não quero voltar à Turquia para mais filmagens. Vou ficar preso fazendo imagens por muitos dias seguidos da mesma coisa: refugiados sírios. Não aguento mais", desabafou Issam. A fadiga da crise síria já podia ser sentida em toda a região, mas ali no Líbano ela era um assunto ainda mais delicado. O Exército sírio ocupava as ruas de Beirute até 2005, e a animosidade entre os dois países ainda era evidente.

Além da Turquia, a Jordânia e o Líbano eram os outros países vizinhos da Síria para onde milhares de refugiados fugiram nos últimos anos. O Líbano estava chegando ao seu limite.

Combinei com Issam de visitarmos um campo de refugiados sírios na semana seguinte, em Taalabaya, perto de Zahleh, nas montanhas. Apesar do influxo crescente de sírios, o governo libanês negava-se a criar oficialmente campos de refugiados no país. Mesmo assim, eles existiam.

* * *

A garota americana falava sem parar. Baixinha e nervosa, cheia de mil razões. Tínhamos sido apresentadas um dia antes pelo recepcionista do hotel onde eu estava hospedada. Ela também era jornalista e tinha um quarto ali há quase um mês. "Tudo bem?", cumprimentei. E cinco minutos depois já estava profundamente arrependida de ter feito a pergunta.

Era bem tarde da noite, depois de um dia cansativo. Eu tentava enviar alguns e-mails e checar o Facebook, em meio a uma batalha difícil com a internet libanesa (uma das mais lentas e falhas do mundo, definitivamente). "Hoje eu percebi como é difícil ficar sem receber salário", ela começou a dizer. Acenei a cabeça afirmativamente.

Ela continuou: "Mas eu jantei com um amigo meu que apoiou muito essa minha decisão. Ele é libanês e me deu um voto de confiança, era o que eu precisava", disse. Ela tinha decidido abandonar a redação da CNN nos Estados Unidos para ser freelancer no Oriente Médio. Ashley era o nome dela. E ela não parava de falar, era algo verdadeiramente enlouquecedor.

Depois de uns dez minutos, esgotada a minha pequena paciência, comecei a fazer perguntas autoexplicativas:

— Quantos anos você tem?
— Vinte e nove — respondeu.
— E você já frilou antes?
— Sim, mas nos EUA mesmo, aí sempre podia voltar para casa, se algo desse errado — ela disse.
— Já viajou para outros lugares do mundo, então?
— Só para a Europa, mas eu quero ser correspondente de guerra.
— E por que você escolheu o Líbano?
— Porque seria mais fácil trabalhar aqui e entrar no país como americana. Tenho toneladas de contatos e toda a mídia internacional está aqui.

— OK, então tem tudo para dar certo. É só começar a vender histórias, de preferência depois que as eleições americanas passarem, e esperar para ver o que rende. Se não der certo ou começar a faltar dinheiro, aí é melhor procurar um emprego de novo, aqui ou de volta nos EUA. Mas nada vai acontecer da noite para o dia, você tem que morar aqui, conhecer as pessoas, falar árabe. Um dia de cada vez, pode ser difícil, mas vai dar tudo certo.

— Difícil não é o problema para mim. Eu já tive que dormir dentro de um carro porque não tinha dinheiro para pagar um hotel quando estava frilando nos EUA — ela contou de olhos arregalados.

Eu suspirei, pensando nas casas improvisadas de barro e galhos que vi no Sudão do Sul, a maior pobreza do mundo. Lembrei de Kibera, a megafavela da África, das crianças brincando nos campos de deslocados do Haiti em meio a barracas, lixo e fezes. Pensei no Brasil, nas favelas, na vida pobre que meu avô teve na Bahia, no meu bisavô escravo, nos meninos de rua nos faróis, nas meninas prostitutas por 10 reais, na fome no Nordeste, nos roubos, na corrupção. E pensei que eu nem tinha visto tudo.

Para mim isso tudo sim é que era difícil. Para a maior parte do planeta, a vida é que era difícil. Todo dia.

E, naquele exato momento, achei extremamente difícil ser tolerante, tendo vindo de um país pobre e ainda tremendamente desigual e diante de uma visão tão estreita do mundo. No dia seguinte, Ashley puxou outro papo surreal sobre "como a maconha em Beirute era barata!". Minha resposta: "É, tem muita gente que vem para o

Oriente Médio se drogar, fumar maconha ou haxixe. Eu vim trabalhar, meu negócio é reportagem."

Evitei novas conversas com Ashley e depois que saí do hotel só a encontrei rapidamente uma vez num café. Disse "oi" e "tchau". Era assustador encontrar jornalistas ingênuos e egocêntricos como ela. As histórias que eles escreviam sobre um país diferente do deles geralmente eram cobertas de preconceitos e incorreções.

Na manchete dos noticiários internacionais, uma tempestade tinha feito mais de oitenta mortes nos EUA. Um escândalo, uma tragédia. Enquanto isso, nenhuma palavra sobre a fome no Oeste da África, sobre as mulheres estupradas no Congo e outras mortas no Afeganistão e no Paquistão por quererem estudar. Nenhuma palavra sobre os efeitos desta mesma tempestade no Haiti. Ou sobre a seca no Nordeste do Brasil, a epidemia de Chagas na Bolívia. No Líbano, também era difícil a guerra. A guerra aberta há décadas com Israel e a guerra vizinha na Síria.

O que estava acontecendo no mundo não era o que estava passando na tevê. Sobre o Oriente Médio, isso era especialmente verdade. Estereótipos eram construídos por jornalistas enviesados, alguns grupos de mídia e alguns governos, sobretudo no Ocidente, e permaneciam no imaginário público do mundo todo. Por consequência indireta e diversa, libaneses não entravam no Reino Unido sem visto, pessoas inocentes estavam presas em Guantánamo e o Hezbollah era chamado de "grupo terrorista" apesar de ter se tornado um partido político e ter sido eleito pela maioria dos libaneses.

Ao mesmo tempo, a tevê também tinha tido papel crucial para a Primavera Árabe. Como no Brasil, a televisão era o principal veículo de comunicação de massa no Oriente Médio e na África. As novelas brasileiras, por sinal, eram sucesso de audiência em todo o mundo árabe. Concorriam só com as produções egípcias e asiáticas.

A internet e os celulares foram os principais responsáveis por mobilizar pessoas a saírem às ruas em protesto. Mas, certamente, a população dessa região do mundo não teria respondido tão forte e rapidamente aos acontecimentos se a mídia tradicional (sobretudo a TV) não tivesse coberto os eventos ajudando a exacerbar os sentimentos públicos.

Isso porque, enquanto o acesso da população à internet variava de 4% na Líbia a 36% na Tunísia e estava bastante restrito ainda à classe média educada, o canal de notícias 24 horas da Al Jazeera (exibido em árabe e inglês) tinha mais de 40 milhões de espectadores. Desde sua criação em 1996, a rede era amplamente considerada uma fonte independente e livre de informação, em oposição aos noticiários herméticos impostos até então pelas ditaduras árabes na região.

A Al Jazeera tinha se tornado referência internacional em matéria de Oriente Médio depois das invasões americanas ao Iraque e ao Afeganistão, em 2001. Era a única tevê cobrindo ao vivo os conflitos, a partir de estúdios próprios no terreno.[1]

---

[1] Segundo artigo do jornal britânico *The Guardian*, as revoluções árabes foram para a Al Jazeera o mesmo que a Guerra do Golfo, no início dos anos 1990, foi para a rede de tevê americana CNN. [John Plunkett

O impacto do canal na Tunísia e no Egito foi crucial para a Primavera Árabe. Nos dois casos, os excelentes correspondentes do canal cobriram os protestos e conflitos abertamente apoiando os manifestantes antigoverno. Vários chegaram a ser presos (como Ayman Mohyeldin, no Cairo, em fevereiro de 2011), e a rede de tevê se tornou alvo de duras críticas dos governos do Egito e da Tunísia. Essas nações denunciavam a cobertura parcial que supostamente refletiria interesses do governo do Qatar (acionista e país-sede da Al Jazeera).

Mais tarde, com o avanço da Primavera para Síria, Bahrein, Arábia Saudita e Jordânia, aumentaram as críticas à cobertura da tevê. Isso porque, enquanto grande destaque era dado aos protestos nos dois primeiros países, os movimentos populares contra o governo nos últimos dois (liderados por monarquias aliadas ao reino do Qatar) permaneciam praticamente silenciados. O editor do jornal libanês *Daily Star*, Michael Young, por exemplo, condenou a Al Jazeera, descrevendo a cobertura da rede como "propositalmente enviesada sob o pretexto hipócrita de estar defendendo a liberdade de expressão".[2] Young não estava sozinho, e, com o prolongamento da crise na Síria por mais de dois anos, as

---

e Josh Halliday. Al Jazeera's Coverage of Egypt Protests May Hasten Revolution in World News. *The Guardian*, 7 fev. 2011. Disponível em: <http://www.guardian.co.uk/media/2011/feb/07/al-jazeera-television-egypt-protests>.]

[2] A Beirut-based Newspaper Raises Questions About Al-Jazeera's Coverage. Disponível em: <blog.camera.org/archives/2011/04/an_arab_newspaper_raises_quest.html>.

críticas à rede de tevê se acumulavam em veículos da imprensa internacional. Na mesma proporção em que se confirmavam informações de que o governo do Qatar estava armando rebeldes contra o governo sírio.[3]

---

[3] Roula Khalaf e Abigail Fielding-Smith. How Qatar Seized Control of the Syrian Revolution. *Financial Times Magazine*, 17 mai. 2013. Disponível em: <http://www.ft.com/intl/cms/s/2/f2d9bbc8-bdbc-11e2-890a-00144feab-7de.html?ftcamp=crm%2Femail%2F2013518%2Fnbe%2FArtsLeisure%2Fproduct#axzz2TqnJSnwW>.

Blackout sírio

De onde vinham as informações sobre o que acontecia na Síria? Esta era uma pergunta que eu me fazia desde quando comecei a cobrir a crise síria no Brasil em 2011. O país era controlado com mão de ferro desde 2000 por Bashar Assad, que assumiu o poder depois de trinta anos de ditadura do seu pai, Hafez, e após o início dos protestos contra seu regime apertou a repressão, o que levou os sírios a se armarem, com apoio estrangeiro declarado ou não (de Reino Unido, França, EUA e países do Golfo, entre outros). E estava inventada uma disputa que, com o correr dos meses, ganhou contornos de guerra civil, matou centenas de milhares de pessoas e levou outros milhões a saírem do país, como refugiados.

Enquanto isso, a imprensa internacional tinha acesso restrito à Síria. De tempos em tempos, o governo permitia *press tours* "assistidos" por Damasco. Mas, para alcançar as demais regiões do país, os jornalistas internacionais tinham de entrar escondidos pela fronteira, colocando suas vidas em risco.

No Líbano, eu estava mais próxima da origem das notícias e tive a chance de ver de perto como tudo funcionava. Foi assustador.

Uma pesquisadora do Carnegie Middle East Center, um dos *think tanks* mais renomados do mundo, que conheci em Beirute, tinha como fonte de suas análises alguns acadêmicos que pesquisavam a Síria. Árabes ou estrangeiros, todos invariavelmente vivendo fora da Síria por causa do arrefecimento do conflito. Ela falava inglês e árabe fluentemente, mas nunca tinha pisado na Síria. Seu nome era Maryam. Fomos com Olivia, Hassan, Ahmad e Issam jantar uma noite em Hamra e depois fumar narguilé num bar à beira-mar.

Maryam ficou chocada quando Issam contou como as agências de notícias obtinham vídeos e informações sobre a crise na Síria. Ativistas entravam em contato (via celular ou internet por satélite) com determinados jornalistas de mídias pré-selecionadas e alertavam sobre incidentes. E depois disponibilizavam vídeos pautando a imprensa internacional. O que significa que eles podiam dizer que um bombardeio do governo tinha explodido um prédio e depois mostrar imagens de um prédio destruído supostamente comprovando a denúncia. Aquele podia ter sido um prédio destruído pelo Exército ou pelos rebeldes ou por nenhum dos dois, ou pelo governo naquela ocasião ou antes disso. Ou ainda nenhuma das alternativas anteriores. Na verdade, sempre era impossível verificar a veracidade das informações.

Esses mesmos ativistas também contrabandeavam jornalistas para dentro da Síria, geralmente pela fronteira da Turquia. Sediada nos EUA e declarando ter 10 milhões de seguidores e financiadores (na maioria, pessoas físicas), a

ONG Avaaz era uma das responsáveis pelo contrabando de celulares e jornalistas para a Síria.

Os celulares eram usados para fazer vídeos e fotos de mortes, agressões e protestos, que depois eram publicados em sites de compartilhamento de vídeo como o YouTube. O modelo preferido era o iPhone, da Apple.

"Usamos rotas de contrabando para colocar equipamentos dentro da Síria. Também já contrabandeamos dezoito jornalistas para dentro do país para que eles reportassem o que está acontecendo lá. E enviamos medicamentos no valor de US$ 1,8 milhão, a maioria para Homs", contou em fevereiro de 2012[4] Ricken Patel, diretor da organização, sediada em Nova York.

A rede de ativistas da ONG é composta de 58 monitores de direitos humanos na Síria, que registram diariamente os episódios de violência e as mortes de civis. Para ser contabilizada, cada morte precisa ser confirmada por três pessoas, incluindo um parente da vítima.

"Quando Assad começou a repressão, ele criou um bloqueio de informações. Lançamos uma campanha a fim de levantar fundos para comprar equipamentos e dar espaço à voz da Síria", explicou Patel.

Em uma semana, a organização arrecadou com seus filiados US$ 600 mil para a causa síria, que foram gastos em equipamentos. No Brasil, a Avaaz declarava ter 1,5 milhão de membros on-line.

---

[4] Durante entrevista publicada em versão editada originalmente pelo jornal *Folha de S.Paulo*. [Carolina Montenegro. Rede contrabandeia celulares para a Síria. *Folha de S.Paulo*, 9 fev. 2012. Disponível em: <http://www1.folha.uol.com.br/fsp/mundo/24799-rede-contrabandeia-celulares-para-a-siria.shtml>.]

Os 58 monitores são ativistas de direitos humanos e jornalistas sírios. O grupo começou com doze pessoas, nos moldes do que a organização já tinha feito na Líbia e no Iêmen, em escala menor.

"Pessoas de nossa rede foram presas, torturadas. Perdemos há alguns dias um dos nossos ativistas mais fortes. É extraordinária a coragem dessas pessoas", afirmou Patel. Segundo ele, as forças de segurança sírias teriam ordens de atirar em pessoas fazendo vídeos ou tirando fotos durante protestos.

Um ativista da Avaaz chamado simplesmente de Dan, em vídeos divulgados pela organização na internet, apareceu mais tarde em outras imagens da Al Jazeera, sem ser identificado. Ele servia de guia e motorista à jornalista Jane Ferguson, que tinha entrado escondida na Síria. O que levava a crer que ela também tinha sido traficada pela Avaaz.

Aos poucos era fácil ver que, em se tratando do conflito na Síria, as coisas não eram exatamente o que pareciam.

A oposição síria era outra ficção. Não era o caso de ser fragmentada demais ou complexa de entender. Existiam, sim, muitos dissidentes e opositores do regime de Bashar Assad dentro do país, refugiados na região e expatriados de longa data vivendo nos EUA ou na Europa. Mas a oposição síria era algo que, de fato, não existia. Quanto mais os representantes de alguns grupos se esforçavam para dizer o contrário, pior era.

Após a escalada do conflito no país, em meados de 2011, opositores anunciaram o Conselho Nacional Sírio (CNS), formado para amealhar apoio internacional e ser reconhecido como parceiro para diálogo e mediação. No final de 2012, outro grupo mais amplo foi criado, a Coalizão Nacional da Oposição Síria. Esta foi reconhecida pela Liga Árabe, pelo Conselho de Cooperação do Golfo e, mais tarde, pela França e pelos EUA.

"Tomamos a decisão de que a Coalizão de Oposição Síria é agora suficientemente inclusiva, reflexiva e representativa da população síria, e nós a consideramos a legítima representante do povo sírio em oposição ao regime de Assad", disse Obama em entrevista à ABC News, em dezembro de 2012.

Faziam parte da coalizão o CNS, o Exército Livre da Síria (principal braço armado dos rebeldes) e grupos curdos e palestinos opostos ao regime de Assad. Em comum, além da identidade síria e da aversão ao ditador, estava o fato de a maioria desses membros da oposição se encontrarem fora da Síria. Alguns deles refugiados após o início do conflito, mas muitos fazendo parte da diáspora síria que vivia na Europa ou nos EUA.

Por isso, a legitimidade da coalizão era profundamente questionável. E também porque, apesar de o Exército Livre da Síria integrar o grupo, os rebeldes lutando no terreno compunham um mosaico, com as mais diversas origens, nacionalidades e financiamentos. Variavam de sírios laicos a sírios extremistas, grupos jihadistas ligados à Al Qaeda, afegãos, chechenos, líbios e até europeus e americanos "simpatizantes" da causa revolucionária.[5]

Uma das minhas fontes dessa coalizão síria era Radwan Ziadeh, porta-voz do CNS que morava em Washington.

---

[5] Em maio de 2013, matéria publicada pelo jornal francês *Le Monde* informou, citando serviços de inteligência como fonte, que entre 180 e 200 cidadãos franceses tinham viajado à Síria em 2012 para lutar contra o regime de Bashar Assad. [Jacques Follorou. Syrie, terre d'accueil pour djihadistes français. Le Monde, 25 mai. 2013. Disponível em: <http://www.lemonde.fr/proche-orient/article/2013/05/25/syrie-terre-d-accueil-pour-djihadistes-francais_3417387_3218.html>.]

Várias vezes telefonei a ele para checar informações que a grande imprensa da Turquia estava dando, citando o CNS como fonte, e ele sempre desmentia tudo. Uma vez tinham publicado um mapa com as áreas no norte da Síria controladas pelo Exército Livre da Síria, os curdos e grupos jihadistas. A fonte da reportagem era supostamente um porta-voz do CNS, que Ziadeh me disse sequer existir.

Amigos sírios mais tarde me mostraram páginas no Facebook que monitoravam o que acontecia em cada cidade da Síria. Eram informações postadas pelos próprios moradores dos locais, em árabe. Verídicas, mas ainda assim sujeitas à censura e à guerra de contrainformação da máquina estatal síria de imprensa.

Agentes do governo também mantinham contas em redes sociais para fazer propaganda do regime ou culpar os rebeldes por ataques no país. Segundo a versão oficial síria, o exército estava lutando contra forças estrangeiras terroristas, que tentavam dominar a Síria. Nem uma palavra sobre o levante inicialmente pacífico da população local contra o regime.

A conclusão desta situação esquizofrênica era que ninguém sabia o que se passava, de fato, na Síria.

* * *

Se as fontes da mídia internacional e dos especialistas e acadêmicos eram questionáveis, a única maneira de tentar chegar mais perto da verdade sobre a Síria era eu me aproximar dos próprios sírios.

Milhares de pessoas tinham fugido da Síria para o Líbano desde o início da revolução em março de 2011.

A maioria se abrigou na casa de parentes ou amigos que moravam no país vizinho. Ou alugou um imóvel no Líbano, com economias ou com a renda de um novo emprego.

Enquanto na Turquia e na Jordânia os governos criaram campos de refugiados, onde a entrada e a saída de sírios eram controladas, o mesmo não aconteceu oficialmente no Líbano. Não havia campos, mas havia tendas, como descobri em seguida.

Pode-se dizer que o país é o vizinho "mais próximo" da Síria, cultural e historicamente. De 1500 a 300 a.C. não havia divisão entre Síria e Líbano, ambos eram parte da civilização fenícia que se espalhou por todo o mar Mediterrâneo. Eram hábeis comerciantes marítimos que criaram o primeiro alfabeto do mundo.

Na Antiguidade, o nome Síria compreendia toda a região do Levante — termo geográfico e histórico impreciso que se refere à região onde hoje se localizam Síria, Jordânia, Israel, Palestina, Líbano e Chipre.

As fronteiras entre esses países surgiram depois do final da Primeira Guerra Mundial (1914-19), com a assinatura do tratado de Sykes Picot entre as potências vencedoras França e Reino Unido. Síria e Líbano eram áreas sob mandato francês. Os dois países tornaram-se independentes na década de 1940, mas uma guerra civil no Líbano trinta anos depois trouxe tropas sírias ao território libanês. E elas só foram embora em 2005, pressionadas por protestos populares maciços depois da morte do primeiro-ministro Rafik Hariri.

Em 2013, com a escalada da guerra civil na Síria, o número de refugiados cruzando a fronteira para o Líbano aumentava a cada dia. Estimativas indicavam um aumento de 10% na população total do Líbano por causa desse fluxo.

Em Beirute, era fácil encontrar sírios, principalmente trabalhando na construção civil ou envolvidos com exposições de arte e shows. No interior do país, eles estavam espalhados ao norte, na região da cidade de Trípoli, ao centro e perto da fronteira síria, nas montanhas e no vale do Bekaa, e ao sul, entre Saida e Sour.

Issam prometeu me acompanhar de Beirute até Zahle, uma das cidades nas montanhas, para conversar com os refugiados. Muitos libaneses falavam inglês, mas os sírios não. Issam fez as vezes de guia, motorista, tradutor e fotógrafo.

Demoramos cerca de uma hora e meia para chegar até Zahle. Era mais longe do que eu imaginava, mas o panorama da estrada era espetacular. Montanhas marrons pedregosas se alternavam com montes verdes, repletos de árvores. Ali perto ficavam as famosas florestas de cedros do Líbano, que também eram chamados de cedros de Deus. A árvore é símbolo e orgulho nacional e figura até na bandeira do país. Atualmente, reservas guardam os cedros remanescentes das grandes florestas que cobriam os arredores do Monte Líbano. Conta-se que a madeira da árvore foi explorada por fenícios, babilônios e persas; os egípcios a teriam usado para construir barcos, e Salomão para erguer o primeiro templo de Jerusalém.

Na entrada de Zahleh, alternavam-se lojas de vinho e de armas. A cidade de 80 mil habitantes era conhecida pela produção da bebida e pela caça. De maioria católica, Zahleh tinha uma de suas avenidas principais chamada de "rue Brazil". Isto porque, no século XIX, uma guerra entre cristãos e drusos levou mais da metade da população da cidade a fugir para o Brasil.

Procuramos o posto da Caritas, ONG católica que prestava assistência aos refugiados sírios na região de Taalabaya. Era uma casa simples, branca e térrea, onde eram recebidas as famílias de refugiados. Ali elas eram cadastradas e recebiam tíquetes para comprar alimentos e cobertores.

O maior problema que os refugiados sírios enfrentavam na região de Zahleh era a falta de abrigo. As famílias improvisam moradia em escolas, apartamentos alugados, garagens e tendas.

"Não há apartamentos suficientes para alugar e eles são muito caros. Encontramos famílias vivendo em garagens e porões, em condições que não são minimamente saudáveis ou higiênicas", explicou Maria Abou Diwan, assistente social responsável pelo centro da Caritas.

Foi ela quem nos recebeu ali para mostrar a situação dos refugiados sírios. Íamos acompanhar a equipe da ONG durante uma distribuição de kits de inverno (cobertores e mantas) mais tarde. Enquanto esperávamos a partida para o local da entrega, ficamos conversando com mulheres sírias que aguardavam na sala de espera a vez de serem atendidas. Estavam sentadas em cadeiras de plástico. Não havia móveis, eram duas salas vazias na entrada e uma sala de atendimento com cadeiras e mesas, onde os funcionários da ONG recebiam os refugiados. Apesar de haver uma fila, as pessoas se amontoavam e reclamavam em voz alta da demora.

Lana, 21 anos, de Damasco, estava preocupada com seu bebê de 3 meses de idade. Ela fugira da Síria quando a criança tinha 10 dias de vida, temendo pela segurança da filha depois que a cidade começou a ser bombardeada. Ela vivia ali em Taalabaya havia dois meses com o marido. Ele fazia bico como eletricista e ganhava entre 100 e 300 dólares por mês, o que às vezes dava para pagar parte das contas da família. Quando não dava, eles recorriam às organizações islâmicas de caridade. Só o aluguel mensal do apartamento pequeno de um quarto em que moravam era de 200 dólares.

Fazia frio, mas ainda era outono. O inverno se aproximava com força e aquela região montanhosa do Líbano logo registraria temperaturas abaixo de 0°C. "Não sei como vai ser para o meu bebê, está cada vez mais frio", disse Lana. Ela tinha ido três vezes ao centro da Caritas buscar ajuda, mas ainda não recebera um cobertor ou aquecedor.

Lana usava saia comprida, jaqueta de couro preta e véu branco cobrindo a cabeça. Seu bebê dormia num carrinho ao lado. "Espero poder voltar logo, quero que minha filha cresça na Síria. Também morro de saudades da minha família que ficou lá, e tudo aqui é tão caro", disse ela. Os pais e irmãos de Lana ficaram na Síria e ela mantinha contato constante com eles por telefone.

Ela tinha vindo ao centro da Caritas acompanhada da cunhada, Muna, 22, que também carregava um bebê no colo. Eram os primeiros filhos das duas jovens sírias.

Muna sorria bastante, vestida com um casaco roxo. Balançava seu bebê de 2 meses de um lado para o outro, fazendo massagem em seu corpo para mantê-lo aquecido. Estava morando num apartamento em Taalabaya com seus primos. Eram seis pessoas em dois quartos.

Cada um pagava parte do aluguel, e uma entidade muçulmana arcava com o restante.

Mesmo precária, a situação das duas cunhadas era melhor do que morar em um campo de refugiados. Perguntei a elas se não preferiam ter fugido para a Turquia ou a Jordânia, onde o abrigo em um campo de refugiados lhes seria assegurado. "Prefiro a situação como é no Líbano a viver trancada em um campo de refugiados", disse Lana. Muna concordava. "Aqui temos liberdade, nos sentimos bem-vindos. Campos de refugiados têm de ser exceção. É degradante viver numa tenda", diz Muna.

O marido de Muna ficara na Síria, impedido de cruzar a fronteira por temer estar com o nome na "lista negra" do Exército. "A situação é assustadora na Síria, há muita destruição, muitas pessoas mortas. O governo confiscou nossos documentos, só ficamos com nossa carteira de identidade", contou ela me mostrando o documento de capa vermelha escura com escritos em árabe que trazia na bolsa. Para cruzar a fronteira com o Líbano, os sírios não precisavam apresentar passaporte, este documento de identidade bastava. Ali estavam o nome, o endereço e a data de nascimento da pessoa registrada, mas também cabiam dados sobre filhos e casamento. "Tem espaço para você registrar até 17 filhos. É o que o governo espera de você, muitas crianças", apontou Muna dando risada.

Ela tinha saudades de seu país, mas disse que só voltaria à Síria quando o regime caísse. "Os rebeldes não vão aceitar que o regime continue de pé. O governo está mandando carros-bombas para as áreas onde eles vivem. Nunca vai ser possível um acordo entre os dois lados. Qualquer opção é melhor que o regime", disse.

"E, depois da guerra, a Síria vai precisar de mais de dez anos para se recuperar do que está acontecendo lá hoje. Mesmo antes da revolução, só havia de bom a segurança, mas não havia emprego e liberdade para falar, para criticar o regime", explicou Muna.

Enquanto isso, um grupo de refugiados do outro lado da sala gritava em voz alta com a equipe da Caritas. Reclamavam cobertores e aquecedores que, segundo eles, lhes foram prometidos, mas não entregues. "É complicado trabalhar com os refugiados sírios. Há anos atendíamos os palestinos e não tínhamos esses problemas. Os sírios nos cobram mais, e, quando avisamos que será feita uma distribuição de roupas ou voucher, muitos não aparecem no dia indicado, aparecem depois ou antes", explicou Diwan.

Dali do centro de assistência, partimos seguindo o carro da ONG para o local onde seriam distribuídos os kits de inverno. No caminho, passamos por extensas plantações de tabaco. O terreno é muito plano e ao fundo se avistam montanhas. Centenas de barracas brancas, bege e pretas se alternam entre o verde dos campos. Era ali que moravam os refugiados sírios que não podiam pagar o aluguel de um apartamento ou casa. E eles eram cada vez mais numerosos.

Em consequência, a demanda por tendas disparou. Os proprietários libaneses de terra cobravam de 300 a 700 dólares por uma tenda, com cerca de 4 x 2 metros. "Os fazendeiros locais estão erguendo as tendas como um negócio, vendendo-as ou cobrando aluguel mensal", acrescentou Diwan.

Quando o carro da Caritas estacionou no meio da via de terra entre as barracas, as pessoas começaram a se aproximar para recolher seus cobertores. Todas falavam ao mesmo tempo, enquanto Diwan tentava chamar os nomes de uma lista que trazia nas mãos. Saíam carregando os cobertores nas costas ou na cabeça. Notei muitas crianças, mulheres e idosos. Issam e eu ficamos conversando com algumas pessoas ali e tirando fotos da distribuição. "Muitos são beduínos também. Grupos nômades que já estão acostumados a viver em tendas e trabalhar com a terra no Líbano e na Síria", me disse Issam, apontando as mulheres com vestidos longos coloridos e rostos marcados com desenhos como se fossem tatuagens.

Os meninos se divertiam com as fotografias e posavam em grupo para Issam. Um deles nos acompanhava onde quer que fôssemos. Devia ter 12 anos, era moreno, a pele cor de caramelo, os cabelos castanhos e os olhos muito vivos. "Você quer ver onde eu moro?", ele me perguntou. "Sim", respondi sem hesitar. Era exatamente o que se passava na minha cabeça naquele momento.

Deixamos o local da distribuição e caminhamos em direção a um grupo de barracas ali perto. Amontoavam-se uma ao lado da outra, sob o chão de terra batida. Dentro das tendas, que eram partilhadas por até quinze pessoas, alguns colchonetes e uma lamparina. O menino ia apontando e mostrando. "Olha, aqui só tem lama no chão! Ali, as mulheres colocam as roupas para secar estendidas no mato! As pessoas cozinham assim!", disse ele quase gritando. Estava mostrando uma família sentada em caixas do lado de fora de uma barraca preparando o almoço numa fogueira pequena. Enquanto a mulher cozinhava numa panela de barro, os filhos esperavam sentados e o pai fazia a barba. Ele usava calça branca, chinelos e um terno cinza. Com uma das mãos segurava um pedaço de espelho quebrado. Com a outra, molhava a navalha no balde de água, secava num pano que trazia pendurado nas costas, cortava um pouco da barba e repetia o movimento. Gentilmente e devagar. A cena era quase hipnotizante; fiquei ali parada olhando por um bom tempo. Depois da barba feita, ele torceu, cheio de orgulho, as pontas dos bigodes com goma-arábica.

Era tudo tão exato e ao mesmo tempo tão fora do lugar. Como um concerto de violinos no meio de uma favela, uma rosa na boca de uma espingarda, um bebê brincando num lixão.

Outro grupo de crianças tinha vindo junto e uma menina também mostrou sua casa. Não havia eletricidade, esgoto ou água potável nas tendas improvisadas. "Não temos nada", disse a menina com não mais do que 10 anos.

Ela apontou a tenda onde morava sua família. Dentro, apenas colchões e alguns carpetes. No espaço estreito, dormiam sete pessoas.

Os fazendeiros vendiam ou arrendavam as terras de forma irregular, baseados em acordos verbais. Não havia assinatura de contrato ou troca alguma de documentos ou títulos.

Abu Majed, 25, de Homs, conseguiu pechinchar. "Paguei 100 dólares pela minha tenda, com um terreno para plantar também. Mas só porque tive ajuda de uma organização de caridade muçulmana que pagou os 500 dólares restantes", afirmou.

O esquema era alimentado pela ausência do Estado libanês quando o assunto era abrigo para os refugiados. O temor do governo era que construir moradias incentivasse a permanência prolongada dos sírios — que, com isso, ganhariam influência política ou alterariam o equilíbrio sectário no país. A maioria dos sírios no Líbano era sunita, e isso incomodava xiitas e cristãos.

Antes da guerra na Síria, o Líbano já abrigava mais de 400 mil refugiados palestinos, grande parte em campos urbanos, dentro de Beirute, e em cidades no norte e no sul do país. Ali não havia tendas; eram amontoados de construções irregulares em situação precária.

Em coletiva de imprensa alguns dias antes, o coordenador humanitário da ONU no Líbano, Robert Watkins, declarara que a organização trabalhava com o governo libanês para assistir os refugiados, mas que construir novos campos no país não era "recomendável no momento". "Campos criam mais problemas do que resolvem e são caros de manter", disse.

A palavra final, porém, era do governo libanês, que estava rachado entre o Hezbollah, pró-Síria, e os partidos sunitas, opositores ao regime de Assad.

Sem emprego

Em Zahle e em Beirute, à medida que conheci mais sírios, vi que, se abrigo era a principal preocupação dos milhares de refugiados no Líbano, a segunda inquietação crescente era a falta de emprego. Tanto nas áreas rurais quanto nos centros urbanos.

"Em outubro, trabalhamos cerca de cinco dias. No mês passado [novembro], só trabalhei um dia", disse Jaffan, 23, que vivia perto de Zahle com a esposa e três filhos. Eles tinham fugido de Damasco quatro meses antes.

Em outubro, apenas 20% das famílias de refugiados tinham conseguido encontrar emprego, de acordo com pesquisa realizada pelas ONGs International Rescue Committee (IRC) e Save the Children e publicada pela Agência da ONU para Refugiados. O relatório mostrava que as oportunidades de trabalho haviam caído pela metade no inverno.

Todos os sírios têm permissão para trabalhar por seis meses no Líbano após a entrada legal no país. No entanto, eles não têm acesso a benefícios sociais. Como estrangeiros, teriam de pagar cerca de 10 mil dólares por ano para manter um visto oficial de trabalho no Líbano.

Antes da crise, estimava-se que cerca de 300 mil sírios viviam no Líbano, muitos deles migrando pela porosa fronteira entre os dois países para o trabalho agrícola sazonal.

Desde o início da guerra, o número de sírios entrando no Líbano aumentou, e, no começo de 2013, a população do país era 10% maior por causa do fluxo de refugiados, segundo estimativas do governo libanês. O verdadeiro número de pessoas que fugiram da crise, porém, podia ser duas vezes maior, de acordo com a ONG Caritas. Muitos refugiados não se registravam temendo perseguição ou retaliação a membros de suas famílias ainda na Síria.

A preocupação, que pode parecer exagerada para pessoas originárias de outros países, era extremamente comum entre os sírios. Mesmo membros da diáspora síria pelo mundo dificilmente falavam, por exemplo, sobre a crise na Síria para a imprensa internacional, e quando o faziam geralmente pediam anonimato. A mão de ferro do Estado policial que a Síria mantinha havia mais de trinta anos era famosa no Oriente Médio. Com a crise recente, a embaixada síria em Beirute tinha sido alvo de repetidas denúncias de sequestro e espionagem de sírios envolvidos com a oposição ao regime de Assad.

Wael, 24, fugiu de Damasco por causa da guerra depois de ser convocado ao serviço militar. Contou que não estava registrado como refugiado porque temia que isso pudesse colocá-lo em perigo. Trabalhava em Beirute ajudando a reparar carros em uma garagem de Mars Mikhael, um bairro comercial-industrial na zona leste de Beirute. O trabalho era esporádico e não lhe rendia mais de 100 dólares por mês.

Aqueles refugiados que procuravam trabalho com frequência se mudavam do campo para as cidades, especialmente durante a temporada de inverno, em que os campos se tornavam infrutíferos. "Estou trabalhando como eletricista para tirar 200 dólares por mês, apesar do meu diploma em ciência veterinária", disse Abd,[6] 31, de Tartus, refugiado em Beirute. Muitos de seus amigos sírios estavam desempregados no Líbano. Outros trabalhavam em troca de um teto. Ali, 25, natural de Homs limpava a recepção e as escadas de um prédio na área xiita de Dahya todos os dias. Em troca, ele vivia no sótão do edifício — um espaço sem móveis, janelas, eletricidade ou água corrente.

No sul do Líbano, muitos refugiados sírios encontravam empregos em canteiros de obras. Mas, mesmo com algum trabalho, a maioria deles ainda dependia da ajuda do Programa Alimentar Mundial (PAM) para alimentar suas famílias. Cada refugiado registrado recebia um tíquete de 30 dólares por mês para comprar nos mercados locais itens equivalentes a uma cesta básica.

A pesquisa do IRC/Save the Children também indicava que o desemprego estava levando famílias sírias a empurrar seus filhos ainda crianças ao mercado de trabalho e também a se endividarem, frequentemente com seus passaportes ou documentos de identidade penhorados como garantia.

A entrada de refugiados pressionava o Líbano, um país pobre que tinha dificuldades para proporcionar emprego e

---

[6] Nomes fictícios, usados por questão de segurança a pedido dos entrevistados.

habitação decentes para seus próprios cidadãos. Em 2012, o desemprego entre os jovens libaneses era estimado em 19%, enquanto, entre os empregados, mais de dois terços estavam no setor informal.

Conversei sobre tudo isso com o chefe do PNUD, a agência da ONU para o desenvolvimento, no escritório deles no centro de Beirute. Um americano simpático, loiro, alto e magro, com sotaque da Califórnia. Shombi Sharp morava no Oriente Médio há mais de seis anos, não falava árabe, mas disse gostar muito dali. Foi evasivo sobre todas as perguntas que lhe fiz em relação a projetos de geração de renda e emprego para os refugiados. "Tenho de checar isso melhor com a minha equipe, lhe passo a informação por e-mail depois", foi a resposta recorrente sobre o assunto. No entanto, não sem razão, ele parecia bastante preocupado com o próprio Líbano. "Há tantos sírios no Líbano agora que se tornou mais difícil para os libaneses conseguirem emprego também. Soubemos de associações comerciais no Bekaa pedindo para prefeitos não permitirem que sírios abram negócios aqui no Líbano", disse Sharp. "Se você está preocupado com os refugiados, você tem que se preocupar também com a comunidade anfitriã libanesa", alertou ele.

No entanto, todos os dias mais sírios cruzavam a fronteira e entravam no Líbano. Sorrisos de alívio e de esperança sumiam à medida que o tempo fora de casa se prolongava. E os refugiados se viam sem abrigo, comida ou dinheiro. Logo estavam se acotovelando em busca de empregos em grandes centros como Beirute. Aceitavam bicos, quebra-galhos ou empregos irregulares em construções. Entre uma agonia e outra, buscavam um passatempo ou um consolo. Bares para se entreterem ou braços para se jogar e esquecer. Em outros tempos, sem guerra, chamariam isso de amor.

* * *

No bar azul da esquina, o rapaz sírio bebia um gole de toda bebida que preparava atrás do balcão. Estava trabalhando desde as 10h da manhã e já passava da meia-noite. A casa estava cheia, uma banda tocava do lado de fora.

Ainda era difícil acreditar em como sua vida tinha virado de ponta-cabeça em tão pouco tempo. Alguns meses antes, estudava medicina em Alepo. Agora trabalhava num bar em Beirute e estava se acostumando a encher a cara toda noite. Ainda não conseguia gostar da cidade, mas já tinha feito dois amigos.

Deixara a barba crescer para parecer mais velho. E naquela noite vestiu sua melhor camisa, uma das três que tinha trazido quando fugira às pressas da Síria. Era preta, de manga comprida.

Ele tinha visto a australiana na noite anterior. Gostava da cor do cabelo dela. Vermelho. E ela tinha sorrido ao pedir uma cerveja. Ele a esperou a noite toda, mas quando enfim ela apareceu foi com outro cara do lado. Ele foi ríspido, de propósito. E ela percebeu. O amigo libanês dela também. Esbravejou uma ofensa em árabe e saiu pisando forte. A australiana, que não falava árabe, entendeu o desentendimento. Mas escapou-lhe o motivo, não imaginava que o sírio alimentava uma paixão por ela.

No final do expediente, ele se aproximou da mesa dela com um guardanapo. Seus amigos já tinham ido embora e ela estava sozinha, bebendo o final do vinho, pensativa. Tinha tido uma ideia para conseguir se comunicar com ela. Perguntou, em inglês truncado, se poderia escrever o que ele falava. "Sim, claro", ela respondeu, pensando que ele queria sua ajuda para escrever o bilhete a alguém.

"Sorry. I tired. I angry. I like you", ela escreveu. Depois leu em voz alta para confirmar. Ele acenou com a cabeça afirmativamente, estava certo. Ela sorriu simpática, devolveu-lhe o papel e despediu-se.

Ele, frustrado, pegou o bilhete e se levantou. Ela não tinha entendido, era para ela a mensagem. Às quatro da manhã, ele foi embora do bar triste e bêbado, querendo que o amor fosse mudo como nos filmes antigos.

No dia seguinte, ela voltou para a Austrália e eles nunca mais se viram.

Aniversário de trinta anos

Fomos jantar num restaurante japonês em Achrafieh. Eu, Olivia, Hassan, Ahmad e Issam. No final, as garçonetes filipinas trouxeram um bolo de chocolate lindo que Olivia comprou. Em cima dele, estava escrito "Happy birthday Carolina!". Depois do parabéns em inglês, meus amigos cantaram a versão em árabe.

Foi o meu primeiro parabéns no idioma. O árabe soava tão bonito, fiquei encantada! Foi uma noite maravilhosa entre amigos queridos.

Voltei para casa de carona na scooter de Issam. Era gostoso estar com ele. "Amar alguém, estar apaixonada, faz falta. Uma falta danada", pensei comigo mesma.

Antes de dormir, fiquei lembrando do passado e pensando em quantas vezes um coração pode ser partido. Na primeira vez que me aconteceu, fui para a África. Na segunda, vim para o Líbano.

Na primeiríssima vez também, na verdade, tinha ido para o Líbano. Era julho de 2009 quando viajei para Beirute pela primeira vez. Tinha tido uma discussão homérica com meu então namorado no caminho para o aeroporto de Guarulhos, em São Paulo. Passei as quinze horas seguintes do voo São Paulo-Istambul-Beirute chorando e ouvindo Coldplay. Repetidas vezes, o álbum que tinha aquela música "Viva la vida".

Funcionário das Nações Unidas, meu namorado estava na iminência de ir trabalhar fora do Brasil e eu apavorada com a ideia. Nada disso, porém, aconteceu. E ele acabou indo embora algum tempo depois para um mestrado nos Estados Unidos. A distância abalou nosso relacionamento e um belo dia ele terminou o namoro comigo por telefone. Desolada, fugi para a África. A viagem já estava planejada, mas antecipei a data de ida das passagens. Era início de dezembro e eu não tinha estômago para passar Natal e Ano-Novo no Brasil. Tudo à minha volta lembrava ele.

E muito, muito antes de tudo isso, quando terminei um namoro de dez anos, de coração cansado e não partido, também me lembrava perfeitamente de, em um momento derradeiro, ter escolhido que eu não tentaria ressuscitar aquele relacionamento; eu queria viajar pelo mundo.

De alguma forma, o viajar e escrever sempre me ajudou a me encontrar, a ter certeza de que a vida tem significados imensos. Maiores do que um coração partido. Além da mudança de perspectivas, a gente ganha horizontes, olhos, alma e asas quando viaja. Ouve gente falando outra língua, passeia por ruas novas, surpreende-se com os véus rosa-schocking das mulheres somalis, com as garrafinhas de Coca-Cola na fronteira do Sudão do Sul, com as dezenas de haitianos se amontoando no caminhão que faz as vezes de transporte público, com as flores plantadas nas colinas de Nairóbi, com o eco do *adhan* (o chamado para a oração) nas mesquitas de Beirute. A vida se desabrocha à nossa frente se a gente mantiver os olhos da alma bem abertos.

Terminei a noite conversando com minha irmã Fernanda pela internet. Só faltava falar com ela, da minha família, para completar o aniversário. A saudade era grande, sempre fui muito ligada a eles. Antes, cedinho, tinha falado com meus pais, e minha outra irmã, Luciana, tinha ligado para o meu celular libanês. Noah, meu sobrinho de 3 anos, atendeu gritando todo esperto: "Tia Carol! Você está no Líbano?" Era uma alegria indescritível ser tia e ter minha família tão perto no peito. Fui dormir agradecendo à vida por tamanha generosidade.

Jad e Jake

Depois de uma semana num hotel, encontrei um apartamento para morar. Fiz a busca em sites na internet, atrás de um quarto perto da minha escola de árabe. O plano era estar instalada e com a vida um pouco mais organizada antes do início das aulas, na semana seguinte. Ia dividir o local com dois irmãos, Jad e Jake. Eles dormiam em um quarto com a janela para os fundos e alugavam o outro, que dava para a frente do prédio e tinha sacada.

A localização era fantástica, o apartamento ficava numa rua escondida atrás da principal via de Gemmayzeh, a rua Gouraud. Nunca soube o número do prédio, mas uma vez tentei perguntar a Jake. "Não sei, nunca usei. Tem que checar isso em algum posto do correio, eles devem saber", respondeu ele, que morava ali há mais de três anos. Em Beirute, a maioria das casas e edifícios não tinha número e várias ruas também não tinham placas. Para encontrar um endereço era sempre preciso contar com referências ou indicações.

No meu prédio eram seis andares, dois apartamentos em cada pavimento. Nenhum elevador. Descobri que no térreo morava uma velha libanesa com duas empregadas etíopes. No segundo andar, franceses. No último, um casal de americanos.

Próximo havia mercado, padaria, hospital, e até minha escola de árabe era ali perto. Uma das entradas da viela era pela escada de são Nicolas (um santo famoso no Líbano), a minha preferida de Beirute. Era a maior escadaria do Oriente Médio, com 125 degraus e 500 metros de extensão. Ligava Gemmayzeh a Achrafieh e na parte inferior era repleta de grafites ao estilo Banksy. No verão, aconteciam shows de música ao ar livre ali.

Jad e Jake eram cristãos de uma cidade pequena nas montanhas. Não pareciam irmãos, eram bem diferentes um do outro. Jad era mais baixo, atencioso, tinha longas entradas no cabelo castanho curto e os dentes da frente separados. Trabalhava como operador de câmbio em um banco no centro de Beirute e ia trabalhar a pé. Almoçava em casa todo dia a comida que pegava na casa da mãe no interior nos fins de semana. Fazia a faxina da casa em vez de contratar uma diarista, gostava de poupar dinheiro.

Mas também tinha uma veia artística, ensaiava para a apresentação de uma peça de teatro, guardava livros de literatura francesa na estante da sala, pendurou fotos de Paris e de Beirute antes da guerra nas paredes do apartamento e me contou que escrevia um livro sobre os fenícios (povo habitante original do Líbano na Antiguidade). Era Jad quem cuidava do gato, que se chamava Shamsi ("sol", em árabe), era branco de olhos azuis estranhos e adorava o sofá vinho felpudo da sala. Uma ex-colega de apartamento americana tinha deixado o bichano para trás quando teve de retornar aos EUA. Shamsi também gostava de entrar no meu quarto pela janela da sacada e se aninhar no meu edredom, para meu desespero. Além de alérgica, nunca gostei muito de gatos.

Jad me ensinou a mexer na máquina de lavar e me mostrou onde era o supermercado grande mais perto. Fomos até lá andando na primeira noite em que dormi no apartamento, porque eu precisava comprar toalhas. Sempre me esquecia delas quando viajava, como uma espécie de TOC ao contrário. Era Jad quem cuidava de problemas da casa, e era para quem eu ligava quando a luz acabava ou a água desaparecia da torneira.

"Os estrangeiros não sabem nada sobre o Líbano. Pensam que o Líbano e a Líbia são a mesma coisa", disse Jad em referência aos nomes semelhantes dos dois países. Depois de estudar na França, ele voltou para Beirute. "Adoro esta cidade, ela tem alma. Muitos estrangeiros se sentem mais livres aqui do que em seus próprios países, na Europa ou nos EUA. O problema é a corrupção gigantesca", completou ele.

Jake trabalhava em casa, prestando serviços remotos de TI (tecnologia da informação). Falava ao celular, passava o dia fumando na sala, com o laptop no colo e a tevê ligada. Toda vez que minha conexão com a internet sumia ou o sinal ficava fraco, eu pedia ajuda a ele. Seu inglês era ruim e conversávamos pouco. Demorou mais tempo para eu conhecê-lo melhor, ele tinha um olhar desvairado e um senso de humor singular. Gostava de repetir a mesma palavra muitas vezes, em inglês, rindo alto. No fim das contas, nós três ficamos bons amigos.

Eu acordava todo dia cedo, estudava um pouco de árabe e francês e saía para entrevistas, para ler em cafés ou bater perna em Beirute. Adorava aquela cidade.

Casamento libanês

— Você está bonita, Carolina — me disse Jake.
— Obrigada. Tenho um casamento agora de noite — respondi.
— Não vá, é deprimente. Casamentos são deprimentes. Casamentos libaneses são ainda mais deprimentes — alertou Jake, em tom ranzinza.
— Vou viajar com amigos para Sour, vai ser divertido — disse, empolgada.
— Duas vezes mais deprimente, então, com o tempo de viagem e essa chuva — insistiu Jake.
— Yalla bye, Jake! — me despedi correndo escada abaixo. Estava atrasada. Hassan e Olivia já estavam me esperando na esquina de casa.

* * *

Laquê, gel, fogos de artifício, água mineral, um bolo de seis andares, música. Espadas, tiros, véus, minissaias, celulares, vídeos, música. Muçulmanos, cristãos, silicone, joias, casacos de pele, música. Política, gritos, lágrimas, risos. E mais música. Ponha tudo dentro de uma caixinha bem pequena e sacuda. Eis um casamento libanês. Eis o Líbano.

A festa aconteceu numa cidade no sul do país, Sour. De Beirute, era uma hora e meia de estrada. Três postos de controle militar. (A região próxima da fronteira com Israel é fortemente armada. Os dois países são inimigos desde que o Estado de Israel foi criado, em 1948.)

Foram convidadas cerca de duzentas pessoas. Na entrada, as famílias dos noivos cumprimentavam os convidados. Homens e mulheres não apertavam as mãos, em sinal de respeito. Ambas as famílias eram xiitas, um ramo do islamismo que valoriza as tradições rígidas e a discrição.

No salão de festas de paredes cor-de-rosa, havia homens de terno, outros de jeans, as crianças corriam pela pista de dança, um menino vestia agasalho esportivo. Entre as mulheres, desde minissaias, casacos de pele e meias-calças pretas a hijabs e niqabs — os véus negros completos que cobrem da cabeça ao tornozelo. Telões espalhados pelas paredes transmitiam as imagens que uma equipe de câmeras produzia da festa.

"Os libaneses adoram ficar se olhando e comentando, é o esporte preferido deles", disse baixinho Olivia. Ela era convidada da parte do noivo, estávamos numa mesa do lado direito do salão. Do lado esquerdo, ficaram os amigos e familiares da noiva.

Tocava Kenny G, Frank Sinatra ("My way") e Beatles ("Yesterday"). O tapete vermelho ia da entrada ao palco. Lá em cima, um sofá branco, onde se sentavam os noivos. Um arranjo de flores e holofotes. A cerimônia religiosa aconteceu antes num "cartório" muçulmano, reservada apenas aos noivos e seus pais. A festa, ao contrário, era para todos.

Samira e Hussein noivaram por três anos, conheceram-se havia quatro. No Líbano, os muçulmanos não namoram, ficam noivos. O que significa que namoram com consentimento das famílias e supostamente comprometidos com um futuro casamento.

Eles trabalhavam juntos numa rede internacional de café ao estilo Starbucks. Entre um café latte e um cappuccino, se apaixonaram. Ele, careca, alto e charmoso. Ela, bonita, muito branca, de cabelos pretos e olhos grandes quase verdes. Estavam sempre juntos. Também brigavam bastante. Ele reclamava que ela trabalhava muito e ela lembrava as contas a pagar. Ele beirava os 30 anos, ela ainda não tinha chegado aos 25. Depois de saírem do café, Samira virou funcionária de uma agência do correio libanês e Hussein trabalhava com vendas, numa loja de autopeças.

Blim-blom!, soou estridente uma campainha no alto-falante do salão de festas. "Por favor, retornem aos seus assentos, os noivos vão entrar", anunciou uma voz eletrônica em árabe.

Dançarinos vestidos com trajes tradicionais turcos entraram em cena, tocando tambores e saltando freneticamente. O público acompanhava o ritmo batendo palmas. O clima era de carnaval no sambódromo de São Paulo. O pessoal até empolgava, mas nada que chegasse perto do desfile no Rio.

Samira e Hussein finalmente entraram dançando de mãos dadas no salão. Ele usava um terno preto, ela estava de vestido longo branco decotado e grinalda, ao estilo ocidental. Os convidados saíram de suas cadeiras e foram ao encontro dos noivos também dançando. As mulheres dobravam as mãos, os ombros e os quadris, os homens batiam palmas e gesticulavam muito, sorrindo. Ninguém ficava sentado. Os noivos beijavam os convidados. Levaram quase meia hora para atravessar o salão, e quando chegaram ao sofá branco estavam emocionados e suados. Velas em formato de fogos de artifício explodiram.

O pai de Hussein pegou o microfone e discursou, saudando os noivos. As mulheres da plateia gritavam: ULULULULAI! O som estridente chamado de ulular é comum no Oriente Médio e na África e é feito com movimentos rápidos da língua na horizontal, a mão sobre a boca.

Depois, a avó de Samira abençoou o casamento. Ela usava um véu branco, tinha o rosto inteiro enrugado e falava pausadamente, sorrindo muito. Nem sombra de um dente à vista. O último discurso foi de Ali, um jovem amigo dos noivos, também garçom no café. Desejou felicidades ao casal. E emendou: "Que Bashar Assad saia vencedor do complô internacional que a Síria está sofrendo." Alguns convidados deram risada; a maioria aplaudiu a bravata.

Começou a tocar uma música da trilha sonora do filme *Ghost*. Hora da cena romântica da noite. Os noivos dançaram abraçadinhos, à meia-luz, em meio a confetes prateados que caíam do teto e a uma névoa branca. Os convidados observavam cada detalhe de perto pelos telões.

Dois minutos depois, começou a tocar o agitado *dakbe*, a dança típica libanesa, folclórica também em vários outros países árabes. Os homens todos se levantam para a pista. No Líbano, eles dançam melhor do que as mulheres. Saltam, fazendo passos complexos de mãos dadas. O melhor dançarino puxa a fila.

Em seguida, as músicas variaram do árabe tradicional ao pop internacional. "Delícia, delícia, assim você me mata", tocou em português o melô "Ai se eu te pego", de Michel Teló, que virou febre no mundo todo. "Quem é Marta?", me perguntou um libanês amigo de Hassan. Olivia também quis saber. Eles ouvem um "r" que não existe em "mata" e pensam que a música fala da paixão por uma moça chamada Marta. Ri da confusão.

Na pista de dança, Samira e Hussein continuam dançando com os amigos e parentes, incansáveis. Amy Winehouse também foi convidada. A cantora britânica não morreu de overdose em 2011, ela se mudou para o Líbano. Bracinhos e perninhas finos de fora, ela usa um decote avantajado, vestido bufante creme e um penteado esquizofrênico, com uma rosa enorme no topo da cabeça. Endiabrada, dança fazendo poses e bicos com o batom vermelho. Chega perto de Hussein e começa a se insinuar para o noivo, requebrando os quadris. Samira percebe a ameaça e se coloca no meio dos dois, dançando. Amy não se perturba e insiste dançando agora cheia de charme para cima da noiva. Todo mundo acompanha a novela nos telões.

Mais dança, mais dança, mais dança. Os noivos só pararam para cortar o bolo. Ele tinha seis andares e foi trazido para o meio do salão em cima de um carrinho. De mãos dadas, Samira e Hussein, segurando uma grande espada de punho dourado, cortaram a primeira fatia. Era massa branca e cobertura de pasta americana. Não tinha gosto de nada.

Antes, em cada mesa, foi servida uma porção de *petits fours*, um mix de amêndoas e castanhas e frutas. Para beber, suco e garrafas de 2 litros de água mineral. Não havia Coca-Cola. Os xiitas não gostavam da ideia de colaborar com a promoção do consumismo americano pelo mundo. E este era um casamento libanês pobre. Em outras regiões do país, como no vale do Bekaa, a festa podia ter banquetes que duravam até quatro dias.

Mais dança, mais dança, mais dança. Quando eu já estava com os pés doendo e todos os outros convidados com a camisa ensopada ou com a maquiagem borrada, era hora de ir embora. No caminho para casa, filamos um sanduíche de carne de carneiro no pão árabe.

"Desta vez não teve tiros para o alto", observou alguém. Nesta parte do mundo, arma era que nem faca de manteiga, todo mundo tinha uma em casa. Casamento, nascimento e morte eram celebrados com uma saraivada de balas para o alto. Mas ninguém se preocupava em andar de noite sozinho na rua, ser roubado ou sequestrado. Violência não era sinônimo de crime. Violência aqui era guerra.

Arte contra a guerra

Em Beirute, os artistas sírios estavam na moda. Em toda galeria, havia quadros e exposições de pintores ou escultores da Síria. A maioria estava refugiada no Líbano, fugindo do conflito. E falava, pintava, desenhava ou esculpia sobre a guerra na sua terra natal. Usavam a arte como arma para se expressar.

Fui confirmar se minha impressão estava certa conferindo várias galerias e conversando com os proprietários. As principais casas de arte em Beirute ficavam em Gemmayzeh e Hamra. Eram locais frequentados por muita gente e superbadalados. A atmosfera, em geral, não era sofisticada ou elitista, mas sim extremamente política e artística. Beirute era uma cidade muito voltada para o cinema, a pintura, a dança e a música. Cultura e festas ali faziam parte da vida cotidiana das pessoas.

Na galeria Art Circle, conheci Alia Nohra, uma das proprietárias. Ela me contou que achava os artistas sírios mais esforçados que os libaneses. "Enquanto aqui no Líbano nós temos que correr atrás dos jovens artistas, os jovens sírios que chegam a Beirute batem nas portas das galerias e correm atrás", explicou.

Em Damasco — uma das cidades mais antigas do mundo —, a cena cultural era muito rica e os artistas, em geral, muito engajados. "É ótimo poder contar com toda essa energia deles aqui agora. Pode-se dizer que eles estão em alta em Beirute", acrescentou ela.

Foi Alia quem me colocou em contato com Anas Homsi depois que lhe contei que estava escrevendo sobre a crise síria. Ele era um pintor de 26 anos e estava em Beirute havia três meses. Viveu em Damasco a vida inteira, mas fugiu quando o conflito bateu à sua porta. "A situação lá piorou muito rápido, todo dia há pessoas morrendo. Vim pro Líbano depois que mataram pessoas da minha família", contou ele.

Mas ainda costumava ir e vir de Beirute para Damasco nos fins de semana, de ônibus ou táxi compartilhado. Disse que a sociedade libanesa estava recebendo os artistas sírios de portas abertas. Só voltava com frequência para casa porque tinha muitas saudades dos amigos e dos pais, que ficaram em Damasco.

"Da última vez, os oficiais na fronteira me interrogaram. A verdade é que ninguém sabe o que eles podem fazer ou o que sabem sobre você. Podem me matar, não há liberdade. Podem até saber o que eu estou falando aqui para você agora", explicou ele com os olhos arregalados.

Anas falava devagar, medindo cada palavra em inglês. Para o cigarro no canto da boca. Sorri bastante. Tem os cabelos negros cacheados e compridos, olhos rasgados pretos e pele morena.

Da primeira vez que conversou com Alia sobre a situação na Síria, Anas sussurrava quando ia dizer o nome de Bashar Assad. Alia foi quem me contou isso, dando risada ao se lembrar do episódio. Ela teve que explicar a ele que no Líbano as pessoas eram livres para falar o que bem entendessem, podiam até xingar o presidente ou o primeiro-ministro em público se quisessem. "Na Síria, o ditado diz que 'as paredes têm ouvidos'", explicou.

Os quadros dele eram expressionistas e remetiam à infância, com traços de violência, guerra e animais em forma de rabiscos coloridos. Anas disse que sua influência maior era Picasso. "Tudo vem do meu inconsciente, espero algo me despertar e as cores dão a agressividade. Pinto também seres com formas animais, sempre destaco o contraste entre o forte e o fraco. Com isso, quero mostrar que só vamos voltar a ser humanos quando pararmos de guerrear. Precisamos de paz, amor e união na Síria", afirmou.

Ele pintava há dez anos e era formado pela Universidade de Artes de Damasco. Acreditava que a arte deveria registrar o que estava acontecendo na Síria. "É muito importante expressar isso, mostrar aos outros. A arte é uma maneira de influenciar, de mudar as coisas, seja através de pinturas, esculturas, literatura ou de filmes e documentários. Todo mundo quer liberdade para a Síria, ninguém quer a guerra, é terrível o que está acontecendo. Não sei como essa situação vai mudar, é tudo muito complicado. Pode demorar cinco anos ou mais", disse ele.

* * *

Mais tarde, Alia também me apresentou o pintor Houmam Al Sayed. Ele estava em Beirute havia três meses e vivia sozinho. Como Anas, tinha passado praticamente toda sua vida em Damasco. Seus últimos oito meses morando na capital síria, porém, foram um inferno. Não conseguia trabalhar, era impossível se concentrar ou se inspirar para criar. Resultado: no período, produziu apenas dois quadros. Em noventa dias no Líbano, já tinha criado quarenta peças. Trabalhava intensamente, só saía de casa para tomar um café ou ler um jornal em algum momento do dia. O restante do tempo passava recluso pintando, em seu pequeno apartamento em Hamra.

Houmam estava se preparando para fazer sua primeira exposição solo em Beirute dali a alguns dias. E fazia planos de outra exposição em Paris em março de 2013.

Na Síria, tinha exibido seu trabalho duas vezes em galerias de arte. "A vida era ótima em Damasco, a cidade estava sempre cheia de gente nas ruas. Mas, de repente, a vida mudou completamente, o Exército saiu às ruas e começou toda essa violência", contou.

Houmam percebeu que, quando retomou a pintura em Beirute, não tinha deixado a guerra na Síria completamente para trás. "O conflito começou a se refletir no meu trabalho, mas não de maneiras óbvias, como eu criando imagens de guerra ou soldados. Notei que estava usando mais o vermelho e o preto. Alguns desenhos meus tinham sangue, tiros", explicou.

De olhos azuis sorridentes, pele clara e quase calvo, ele falava comigo em árabe. Alia ajudava traduzindo para o inglês.

"Não é aceitável que o Exército esteja atacando seu próprio povo. Em um prédio que é bombardeado, metade das pessoas mortas ali era contra o regime e metade era a favor. A Síria é dividida assim", continuou.

Um dia, Houmam estava vendo na tevê imagens de explosões na Síria, que mostravam pedaços de corpos voando pelos ares. Lembrou-se dos cactos que cultivava e pensou que na arte aqueles membros sem vida poderiam ser replantados e renascer. Foi essa a inspiração para um quadro dele em que uma mão humana aparece em pé num vaso, cultivada e crescendo como uma planta.

"Sou contra a superexposição da violência na Síria feita pela mídia. A arte é nobre. Os desenhos têm sangue, mas são belos. O objetivo do artista é de longo prazo. É como na cozinha: se você deixa a comida cozinhar muito rápido, ela pode queimar", explicou ele.

Segundo Houmam, a pobreza foi a principal causa da crise na Síria. "Em vez de investir, o governo escolheu a violência", suspirou. Ele não era a favor do regime, nem dos rebeldes. E não sabia dizer se voltaria à Síria um dia. Não sabia o que podia acontecer com o país. Segundo ele, o resultado do conflito dependia muito de outros países e de fatores externos.

"Todo homem ou mulher de 25 a 30 anos estaria pensando em se estabilizar, comprar uma casa e casar. Mas mesmo antes da guerra era impossível comprar um imóvel com um salário médio no país em torno de 200 dólares", explicou.

De toda forma, ele admitiu que sua arte sempre refletiria seu país. "Gosto de mostrar o aspecto bonito do que é feio. A vida é sempre preta e branca, sem o belo não haveria o feio. Não é uma fórmula matemática, é mais química", continuou Houmam. Para ele, a feiura era bonita, assim como em *Guernica*, de Picasso, pedaços de corpos podiam ser bonitos.

Houmam acreditava que um artista sírio deveria produzir o máximo que pudesse sobre a guerra porque a arte era algo universal, que poderia alcançar pessoas no mundo todo. "Se as pessoas de outros países pressionassem, não para uma solução militar, mas por uma solução, com marchas nas ruas talvez as coisas mudassem", disse.

Quando conversamos, ele pretendia recomeçar as coisas em Paris, tentar uma vida nova e um dia comprar uma casa. "Mas você fala francês?", perguntei. "Não, vou aprender lá", ele respondeu. "A maioria dos jovens quer deixar a Síria, mas nem todos têm meios. Nos próximos cinco anos, ninguém sabe o que vai acontecer, mas depois vai melhorar. Tenho medo do que pode acontecer quando Assad cair, por exemplo. Não sabemos se a revolução é uma primavera, verão ou outono. Provavelmente é um inverno árabe. A primavera virá só depois."

Saí da entrevista com dois livros com as obras de Houmam e um convite para sua próxima exposição em Beirute, que seria dali a alguns dias numa galeria no centro da cidade.

Fiquei imaginando se ele conseguiria, de fato, ir a Paris. Os países da Europa em geral eram extremamente rígidos com a concessão de vistos para sírios, libaneses, egípcios e consortes árabes. Mesmo para viagens a turismo e de curta duração, eram requeridos mil documentos, desde extratos bancários e certificado de trabalho no país de origem até carta-convite de um residente no destino europeu.

Olivia, minha amiga britânica, ficou desolada quando fez o primeiro pedido de visto ao Reino Unido para seu namorado, Hassan, viajar a Londres. Eles estavam juntos há mais de um ano, a família dela se colocou como guardiã legal dele em solo britânico e, mesmo assim, o visto foi rejeitado. Na resposta oficial, não coube uma justificativa sincera, mas Olivia acreditava que o motivo da rejeição era a conta bancária modesta de Hassan.

Quando voltei ao Brasil em meados de 2013, soube que Houmam tinha conseguido ir para a França. Seus trabalhos foram expostos numa galeria em Paris e bem recebidos pela mídia e pelo público franceses. "Houmam estava radiante", me contou Alia.

* * *

Por Skype conversei também com Tammam Azzam, 33. O artista cresceu em Sweida, no sul da Síria. Fez carreira como pintor em Damasco, mas teve sua trajetória interrompida pela guerra civil, iniciada em março de 2011. Temendo ser recrutado pelo serviço militar do governo, fugiu para Dubai no final de 2011, com a esposa e a filha de 6 anos. No exílio, sonhava todos os dias em retornar à Síria. Reinventou-se e fez da arte digital seu protesto. Em 2013, uma de suas obras se tornou viral na internet, foi compartilhada por milhares de pessoas no mundo todo e virou um emblema da revolução síria. Era uma imagem de *O beijo*, do pintor simbolista Gustav Klimt (1862-1918), sobreposta à imagem de uma parede destroçada por tiros e bombas na Síria.

Entrei em contato com Tammam por sua página no Facebook e ele prontamente respondeu dizendo estar à disposição para uma entrevista. Marcamos a conversa para alguns dias depois. Falamos durante quase uma hora e eu podia ouvir pássaros cantando ao fundo do outro lado da linha. Em Dubai todos os dias eram de sol e céu azul, ele me contou.

Você esperava que sua releitura de *O beijo* fosse virar um sucesso na internet?[7]

Tammam Azamm: Quando postei a fotomontagem de *O beijo*, ela foi compartilhada por 2 mil pessoas na minha página e, em outras dez páginas, foi compartilhada por mais 6 mil pessoas. Depois de uma semana, quando a Saatchi Gallery postou na página deles, a imagem foi compartilhada por mais de 20 mil pessoas. É um mistério artístico; se eu soubesse o porquê, então tudo o que eu produzisse teria o mesmo sucesso. Mas é impossível saber o motivo. Você pode inferir algumas coisas, mas não pode ter certeza do motivo. E não quero repetir o tema de *O beijo*, quero partir para outras mensagens.

Mas muitas pessoas pensaram que a imagem era um grafite, não?

Muitas pessoas pensaram que *O beijo* era um grafite, sim. Mas qual a diferença? Se é digital ou real, a mensagem por trás deste trabalho é a mesma. Espero um dia poder transformar essas peças digitais em peças reais. Em grafites na Síria. É uma ideia, para o dia em que eu voltar à Síria.

---

[7] Entrevista originalmente publicada pelo Instituto da Cultura Árabe (Icarabe). [Carolina Montenegro. Sírio ganha o mundo com sua arte digital. Instituto da Cultura Árabe, 22 mar. 2013. Disponível em: <http://www.icarabe.org/noticias/sirio-ganha-o-mundo-com-sua-arte-digital>.]

Qual a mensagem que você quis passar com *O beijo*?

O beijo faz parte de uma série de trabalhos chamada "Syrian Museum", em que eu uso ícones da pintura de grandes mestres, como Picasso, Matisse e Goya. Eu queria usar imagens muito famosas para chamar a atenção para a guerra na Síria. Porque, por exemplo, até hoje as pessoas falam sobre a pintura de Goya, *Três de maio de 1808*. É a história de um dia na história da Espanha em que centenas de pessoas morreram [durante a resistência espanhola ao Exército do imperador francês Napoleão Bonaparte]. As pessoas no mundo inteiro ainda falam sobre isso. Mas hoje temos centenas de pessoas sendo mortas na Síria todos os dias e o mundo não se importa.

E como você escolhe as fotos da guerra na Síria que são usadas de fundo?

Muitas pessoas que estão lá na Síria tiram fotografias da guerra o tempo todo. Estamos conectados pelo Facebook e eles me mandam imagens em alta resolução para este meu trabalho. Mas eu não posso divulgar o nome deles agora porque é muito perigoso. Essas fotos vêm de Damasco, Homs, Deir Zor, de todos os lugares.

Você acha que a internet faz a diferença na divulgação do seu trabalho?

Quero que as pessoas usem minhas imagens, faz parte da mensagem que tento passar com minha arte. Quando me perguntam se podem compartilhar, digo que sim, claro! Comecei a usar o Facebook aqui em Dubai. Antes não gostava muito, mas agora é a principal maneira para compartilhar meus trabalhos.

Quando você começou a trabalhar com arte digital?

Antes, na Síria, trabalhava como artista fazendo pinturas e como freelancer de design gráfico para várias empresas. Quando me mudei pra Dubai, sem ter um estúdio, decidi fazer algo com o computador. Foi quando comecei meus trabalhos de arte digital sobre a Síria.

Agora também tenho outros projetos digitais. Um chamado "Syrian Revolution Places", com página no Facebook, é uma coleção de pôsteres para cada cidade da Síria onde a revolução passou. Antes da revolução, a gente não ouvia nada sobre as outras cidades da Síria. Se você morasse em uma, não sabia o que estava acontecendo na outra vizinha. Decidi fazer um souvenir para cada cidade envolvida na revolução. Até agora fiz para oitenta lugares, mas o plano é ampliar para mais de seiscentas cidades na Síria.

Cada imagem tem um texto em árabe com informações sobre a cidade, origem do seu nome, dados históricos etc. O texto não é político, é sobre a história desses lugares, mas o título é *Damasco na revolução*, *Homs na revolução* e assim por diante.

Você acredita que seu trabalho como artista pode ajudar a mudar a situação na Síria hoje?

Não. A arte pode falar muito sobre o que acontece lá, mas não pode mudar nada neste caso. Porque você está falando de arte *versus* armas. Não é possível equiparar essas duas coisas.

E o meu caso é só um do qual se ouve falar porque estou fora da Síria. Há muitos artistas na Síria produzindo coisas sobre a revolução, mas pouca gente ouve falar deles.

Acho que 80% dos artistas estão com a revolução, mas como em qualquer lugar do mundo você também encontra gente a favor do regime. Só artistas fora da Síria podem divulgar mais seu trabalho hoje, mas eles não estão organizados e estão distantes geograficamente. Tem gente no Líbano, outros na Turquia, na Europa, alguns em Dubai.

Você deixou a Síria após o aumento da violência no país?

Depois da revolução, tudo piorou cada vez mais. Então, decidimos sair de lá. Mas foi complicado, demorou até arranjar tudo para uma nova vida com minha mulher e minha filha. Continuamos morando na Síria por oito meses depois do início da revolução, depois viemos para Dubai. Minha mulher e minha filha estão comigo agora, só meus pais e meu irmão ficaram na Síria. Tenho uma irmã que mora em Londres. Não há solução à vista e todo mundo que pode sair da Síria está deixando o país. Todo mundo quer sair do país, não só os artistas.

O que você espera para o futuro do país?

A situação é muito, muito ruim hoje na Síria. É impossível esperar qualquer coisa boa, mas quando este regime cair tudo vai melhorar. Se um regime usa bombas e tiros contra seu próprio povo, não há mais o que dizer. Quando ele cair, poderemos voltar a planejar o futuro.

É duro para mim e minha família vivermos exilados agora. Queremos voltar para a Síria. Todos os dias, acordamos esperando ser o último dia longe de casa. Todos os sírios querem voltar para a Síria amanhã se puderem. Mas viver na guerra hoje é impossível. Primeiro, pensamos que a revolução ia durar dois ou três meses, no máximo. Mas quando um regime como esse usa todo seu poderio militar contra seu povo e a comunidade internacional não faz nada, será um conflito que vai durar muito tempo.

Se o mundo se envolvesse mais, seria melhor. Mas ninguém se importa, de fato. Recebi um convite para o lançamento de um livro na França em que foram usadas dez imagens minhas. Mas a embaixada francesa não me deu o visto. Por quê? Porque eu sou sírio. O mundo diz que está do lado do povo sírio, mas ninguém lhe dá um visto. É complicado.

A peste do exílio

A preocupação dos artistas sírios em não se calar diante do que estava acontecendo em seu país era impressionante. Conversei com outros pintores, escultores, atores e músicos sírios, além de Houmam, Anas e Tammam. E todos, sem exceção, tinham trazido a guerra para suas obras de alguma forma. Como se fosse impossível separá-las.

Diante do blackout da mídia sobre a crise na Síria, o registro artístico dos acontecimentos talvez ajude a registrar este momento histórico tão grave do país e no futuro também contribua para as leituras e interpretações históricas da guerra civil síria.

A outra coisa que logo me chamou a atenção quando conversava com sírios em Beirute, mas principalmente com os artistas, era a saudade que eles tinham do país. Todos voltariam para a Síria no dia seguinte se pudessem. Criticavam o país, o regime e a pobreza, mas também morriam de saudades dos amigos, da família e acreditavam que não existia lugar igual no mundo.

Demorei um pouco para perceber que aquilo não eram saudades apenas, era o exílio. Lembrei de um trecho do livro *A peste*, do escritor franco-argelino Albert Camus. A ficção conta a história de uma cidade chamada Oran, infestada pela peste durante a década de 1940. Num determinado dia, de repente e sem aviso, a cidade foi fechada para evitar que a epidemia se espalhasse pelas redondezas. Casais, famílias e amigos foram subitamente separados e o narrador-protagonista, que era um médico da cidade, explicou a aflição que todos passaram a partilhar:

> Assim, a primeira coisa que a peste trouxe aos nossos concidadãos foi o exílio (...). Sim, era realmente o sentimento do exílio esse vazio que trazíamos constantemente em nós, essa emoção precisa, o desejo irracional de voltar atrás ou, pelo contrário, de acelerar a marcha do tempo, essas flechas ardentes da memória. Se algumas vezes dávamos asas à imaginação e nos comprazíamos em esperar pelo toque de campainha que anuncia o regresso, ou pelos passos familiares na escada; e se nesses momentos consentíamos em esquecer que os trens estavam imobilizados, se nos organizávamos para ficar em casa à hora em que normalmente um viajante podia ser trazido pelo expresso da tarde até nosso bairro, esses jogos obviamente podiam durar. Chegava sempre um momento em que nos dávamos conta claramente de que os trens não chegavam. Sabíamos, então, que a nossa separação estava destinada a durar e que devíamos tentar entender-nos com o tempo. A partir de então, reintegrávamo-nos, afinal, à nossa condição de prisioneiros, estávamos reduzidos ao nosso passado e, ainda que alguém fosse tentado a viver no futuro, logo renunciava, ao experimentar as feridas que a imaginação finalmente inflige aos que nela confiam.

Brasil ♥ Síria

Naíma e Alice eram duas brasileiras que moravam havia cerca de três anos em Beirute. Dividiam um apartamento de esquina em Hamra. E namoravam dois sírios que eram irmãos, Alaa, 27, e Haian, 25, vindos de Sweida, na Síria, para Beirute fugindo do conflito na sua terra natal.

Naíma era dançarina. Alta, magra, de cabelos compridos pretos e olhos libaneses. No Brasil, trabalhava como tradutora e coreógrafa do clube Monte Líbano, em São Paulo.

Viajou ao Líbano pela primeira vez em 2008, para buscar as origens da família materna e cantar em árabe, uma paixão. Ficou só dois meses, o tempo máximo que o visto renovado permitia. Na época, não conhecia ninguém na cidade. Em 2010, voltou para ficar em Beirute. Dava shows de dança brasileira e aulas de samba. Depois começou a dar aulas e fazer apresentações de dança do ventre.

Apesar de tradicional no Oriente Médio, a dança do ventre é discriminada por muitos. Naíma contou que era comum ela receber convites para programas depois dos shows. E muitas casas ou boates também buscavam dançarinas que aceitassem dançar e sair com os clientes depois. Para ficar no Líbano, conseguiu tirar um visto profissional, mas pagava milhares de dólares por ano para ter sua situação regularizada. Justamente porque os empregadores, os donos de casas de show e boates, não arcavam com os custos. "Cada vez tenho mais contatos e mais trabalho, mas não faço isso pelo dinheiro não, é pela arte. Eu amo a dança do ventre, é uma arte, é a minha vida", explicou Naíma.

Quando ela juntava dinheiro, ia ao Egito para fazer aulas; o país é referência na dança. Antes, morou na Alemanha, na Inglaterra e na Espanha.

Conversamos na sacada do apartamento dela, numa rua transversal da rua Hamra, maior via de comércio da região, que vivia movimentada, de noite ou de dia. Tomamos suco e comemos pão árabe com labneh, o iogurte grosso parecido com requeijão que é a base do café da manhã no Líbano e um petisco tradicional.

Naíma conhecia Alaa havia quatro anos, mas neste tempo eles estiveram juntos, se separaram e voltaram várias vezes. Com a crise na Síria piorando, o último ano deles tinha sido difícil. "Um outro irmão de Alaa foi preso, a cafeteria do pai deles foi destruída e ele foi sequestrado. Ficou vinte dias sumido. O Alaa teve que ir lá encontrar o pai e negociar a libertação dele", contou ela.

Em Beirute, Alaa tocava violão em teatros e fazia shows. "Ele não pensa em voltar, tudo lá na Síria foi destruído, o conservatório da cidade deles, as escolas. Aqui é o porto seguro dele agora, mas é daqui para o mundo. Todos os sírios querem ficar aqui ou ir para a Europa tocar ou estudar", disse ela e suspirou. Naíma não pensava em deixar o Líbano, adorava o país. Mas o futuro deles a Deus pertencia, *inshallah*.

Alice era carioca. E aparentava ter 30 e poucos anos no máximo, em vez de seus mais de 40. Bonita, magra, sem rugas, cabelo repicado, castanho, comprido, com luzes e jeito de menina. "Cheguei a Beirute em fevereiro de 2010, mas parece que já faz dez anos", contou ela. Ainda sente saudades dos amigos no Brasil, de pedalar na Lagoa Rodrigo de Freitas e ir à Lapa. Mas quando voltava do Rio para Beirute, dizia que estava "indo para casa".

"Quando fiz 40 anos, meu pedido de aniversário foi por desapego. Não tinha interesse específico pelo Oriente Médio, queria uma mudança. Prestei um concurso público para ser professora de português no exterior e na hora de escolher meus locais de preferência coloquei Líbano e Camarões, porque eu falava francês além do inglês", explicou.

Depois de alguns meses, ligaram para Alice de Brasília e informaram que ela tinha três semanas para se mudar para Beirute. "Não conhecia ninguém aqui, mas depois do segundo dia em Beirute já estava adaptada. Minha vida aqui é melhor do que no Brasil. Não só pelo dinheiro, mas porque é mais segura", disse.

Eu e ela rapidamente concordamos que há muita confusão e ignorância sobre o Oriente Médio no Brasil. A região é considerada sinônimo de bomba, burca e guerra para a maioria dos brasileiros. Um engano terrível.

Alice conheceu Haian quando esteve na Síria uma vez passeando com Naíma. Foram visitar a família de Alaa e Alice conheceu primeiro o pai, depois a mãe e finalmente o irmão dele. "Quando o vi pela primeira vez, sabia que ficaríamos juntos", disse ela. Desde então, não se separaram. Moravam em Beirute há mais de um ano. Postavam fotos apaixonadas no Facebook, andavam de mãos dadas e se beijavam com carinho na frente dos outros. Era um casal muito bonito. "A nossa combinação é boa, eu não sou fácil, mas ele me entende", afirmou Alice. Aos poucos, ela ensinou a ele um pouco de português e sobre comida japonesa, suas duas paixões. Ele já sabia dizer "porra" e "merda" e tinha ficado vidrado em sushi e sashimi.

Haian dava aulas de viola e violino em uma escola de música em Beirute e tinha um projeto de uma orquestra com jovens palestinos em Trípoli. Ia começar em alguns meses um mestrado na Filarmônica de Beirute.

"O plano, por hora, é ficar no Líbano. Somos muito abertos, não precisamos casar, já me sinto casada com ele. A gente combina, nunca brigou", contou Alice.

Haian estava com o nome na "lista negra" do Exército, não tinha pagado para adiar o serviço militar, que na Síria é obrigatório para homens até os quarenta e dois anos de idade, e não podia cruzar mais a fronteira.

"Queríamos que o resto da família dele viesse para Beirute também, mas o pai de Haian é muito ligado à cidade deles na Síria. Ele teve uma galeria de arte, é empresário. Não quer sair de lá, tem imóveis e um café que pretende reabrir", explicou ela.

Da última vez que visitou a Síria, em 2012, Alice levou junto a filha de 22 anos para conhecer a família de Haian. E Alice contou que depois da viagem a filha decidiu estudar letras, português-árabe. O outro filho de Alice tinha 20 anos e cursava relações internacionais no

Rio de Janeiro. Em 2013, ele ia trancar a faculdade para morar um ano no Líbano com a mãe.

Deixei o apartamento delas impressionada com o desprendimento e o alto-astral das duas brasileiras. Elas encaravam com disposição os desafios e diferenças culturais de namorar com pessoas que estavam refugiadas por tempo indeterminado de seus países, tinham perdido seus lares, enfrentavam a guerra. Misteriosos são, de fato, os caminhos da vida. Naquele momento, eu nunca poderia imaginar que estaria mais tarde naquela mesma situação.

As noivas sírias

Combinei com Sarah pelo Facebook de nos encontrarmos no Starbucks da rua principal de Hamra. Sua irmã, Raya, foi quem me contou por mensagem que Sarah estava vindo a Beirute.

Nunca conheci Raya pessoalmente, e quando fui para o Líbano ela estava morando em Istambul. Um amigo brasileiro que a conheceu na Síria nos apresentou on-line. Desde então, trocávamos mensagens e notícias sobre o conflito. Raya casou-se com um norueguês, mas teve seu pedido de refúgio na Noruega negado. Encontrava o marido sempre que ele conseguia uma folga do trabalho e podia voltar à Turquia para vê-la.

"Mesmo se ela conseguir ir para a Europa, acho que acabará voltando. Ela é muito ligada a tudo aqui, é muito árabe, e lá é muito diferente", me disse Sarah tomando uma xícara de café *espresso*.

Enquanto Raya recorria e apresentava novo pedido de refúgio na Noruega, estava aprendendo turco e arranjou trabalho em uma organização humanitária que assistia refugiados nos campos que o governo turco montou na fronteira com a Síria.

As duas tinham menos de 30 anos, eram de classe média, tinham feito universidade e trabalhavam na Síria antes de a guerra civil estourar no país. Eram jovens, bonitas e felizes em seu país. Tinham um futuro completamente diferente antes e depois do conflito. Após deixarem Damasco, tiveram de reconstruir suas vidas em meio à total instabilidade.

Sarah tinha tentado morar um tempo no Cairo e depois com Raya na Turquia, mas não se adaptou a nenhum dos dois lugares. Estava visitando o irmão Rami, que tinha se mudado para o Líbano e pensava em voltar logo à Síria para ir com a mãe ao Iraque. Eles eram filhos de mãe síria e pai iraquiano, separados. "Vamos ao Iraque para vender um imóvel que minha mãe ainda tem lá. É o último recurso que temos para sair da Síria e recomeçar nossas vidas", contou Sarah enquanto fumava. Os cabelos pretos ondulados na altura do ombro eram repicados e a única maquiagem que ela usava eram os olhos sempre pintados com lápis preto e delineador. Era morena, bonita e bem-humorada. Fazia frio e Sarah usava calça jeans, uma jaqueta, tênis e um lenço no pescoço. Tinha algo nela que me lembrava minha irmã Luciana, simpatizei rápido.

"Não me adaptei à Turquia, tem um pouco de Europa e a internet é ótima, mas não sentia nada lá. De repente, era porque não é um país árabe. Até tentei começar a aprender turco, mas era muito difícil, o alfabeto é outro", contou. Sarah pintava quadros e fazia bicos como tradutora de inglês para o árabe quando morava em Damasco.

Perguntei a ela sobre a real situação na Síria e expliquei que pelos noticiários era impossível saber o que era fato ou exagero. E mesmo eu estando em Beirute, continuava tendo dificuldade para apurar as informações.

"A vida na Síria segue, apesar dos combates. Tudo depende da zona em que você está ou mora. Damasco ainda tem áreas tranquilas, a ponto de as pessoas, de amigos meus, irem tomar café e fumar narguilé depois do trabalho. A maior parte dos conflitos está acontecendo nos subúrbios da cidade. É um jogo de gato e rato entre as tropas do governo e os rebeldes. Quando os rebeldes entram em algum lugar, o governo bombardeia e assim vai. Mas os combates estão aumentando, os rebeldes querem tomar Damasco", explicou ela.

Sarah estava preocupada. "Imagine se acabarmos que nem o Egito?", ela disse visivelmente contrariada. "Mas eles tiveram eleições livres lá e elegeram a Irmandade Muçulmana. Achei que isso fosse bom", respondi. "Não, um governo islâmico não é algo bom, na Síria seria o fim do mundo", completou, para minha surpresa. "Mas você não é muçulmana?", tentei entender. "Sim, mas não praticante, como a maior parte dos sírios. E estamos acostumados com um Estado laico, é a única coisa de que ainda gostamos em Assad", disse ela. Fazia sentido realmente, fiquei pensando, assim como no Brasil a população era majoritariamente católica, mas não apoiava um governo cristão, por exemplo. Ao contrário, via no Estado laico um valor a ser preservado.

O frio apertou e ela me convidou para um chá no apartamento do irmão dela, queria que eu conhecesse Rami. Ele morava no fim daquela mesma rua onde estávamos. Tinha alugado um apartamento de sala, cozinha americana e um quarto num prédio de esquina. Era web designer e trabalhava em casa, usando o laptop. Barba curta, bigode, cabelo com gel para trás, camisa e calça social, Rami passava despercebido por libanês.

Ele gostava de Beirute, mas estava preocupado primeiro com o bolso. Nos últimos três meses, tinha gastado suas economias indo a bares e restaurantes com amigos libaneses. E com a Síria depois. "Me voltei contra o regime e virei pró-rebelde quando vi o que o governo estava fazendo com o próprio povo. Mas então vi o que os rebeldes estavam fazendo e também fiquei contra eles. Hoje, não quero nem um nem outro", disse Rami.

"Todo mundo concorda que o regime tem que cair primeiro, depois a gente vai ter que lidar com as alternativas e forças que surgirem. A pior opção seria a Síria se tornar um Iraque ou um Egito. Dividida ou governada por religiosos. A maior parte da Síria preferiria um governo secular", explicou ele.

O Che Guevara sírio

Na exposição dos quadros de Houmam Al Sayed, no centro de Beirute, conheci Che Guevara. Ele era sírio e alauita. E lindo. Professor de árabe em Beirute, Issa estudou biblioteconomia em Damasco. Ainda estranhava o Líbano e a cultura de consumismo e ostentação comum no país.

"Na Síria, tudo é mais simples, mais barato, funciona melhor. Até a internet", explicou, após criticar os motoristas agressivos de Beirute e o trânsito horrível da capital libanesa.

"Damasco tem alma, é um lugar incrível, quem conhece não esquece nunca mais. Acho que é por causa da história. É uma das cidades mais antigas do Oriente Médio", disse ele.

A crítica à vida no Líbano é comum entre os sírios que se refugiaram no país. "Os estrangeiros tinham descoberto a Síria recentemente, antes da revolução. Tinha sempre gente estudando árabe lá, tudo era mais barato. Quem descobria não saía nunca mais de lá", contou Issa.

Em 2013, o país estava acuado, dividido entre rebeldes e o governo. Samy Adghirni, o correspondente da *Folha de S.Paulo* em Teerã, no Irã, me contou no mesmo dia por Facebook que visitara os subúrbios de Damasco e que foi uma das coisas mais apavorantes que ele já tinha feito na vida. Enquanto estava na Síria, Samy testemunhou uma explosão dupla na periferia de Jouromana, que virou manchete dos jornais internacionais. "A dupla explosão me acordou às 6h30 da manhã, tudo tremeu à minha volta, foi um estrondo atrás do outro", ele escreveu.

Na capital síria, o cerco dos rebeldes estava se fechando e acirrando. "São esperadas novas ofensivas. E uma grande batalha por Damasco um dia", afirmou Samy.

Eu também tinha convidado Sarah e Rami para irem à exposição. Estávamos conversando, vendo as obras e tomando champanhe quando Sarah começou a conversar com Annia, uma alemã, pequena e loira, e Issa. Eles tinham ido juntos por sugestão de Annia e eram amigos de longa data desde a Síria. Issa estava dando aulas particulares de árabe para Annia também. Mas eu só soube disso depois; ali naquele momento achei que Issa e Annia poderiam ser namorados, apesar de nunca estarem de mãos dadas ou coisa parecida. No Oriente Médio, esse tipo de expressão pública de afeto não é tão comum como no Brasil.

Ficamos conversando eu, Sarah, Rami, Issa e Annia do lado de fora da galeria. Era uma noite fresca, sem chuva. Sarah e Rami fumavam. Ele me contou de suas desventuras em Beirute. "Gastei tudo quando estava aqui em Beirute sozinho neste primeiro mês. Ia jantar fora todo dia, ia para bares com amigos. Agora que minha irmã chegou, ela até estranha eu ficar sempre em casa. Mas eu não posso contar para ela que gastei tanto. E tenho que voltar para a Síria com algum dinheiro. Quero muito voltar para lá, meus amigos todos estão lá ainda, sempre me chamam. Aqui os amigos que tenho só pensam em sair e gastar. Não posso nem procurar uma namorada libanesa. Elas são superglamorosas, vai que fico com uma que tem uma Ferrari. Como banco isso?", disse ele rindo. Estávamos conversando sentados na calçada, num bairro suntuoso de Beirute. Era fácil ver Porsches e Mercedes por ali.

Um pouco depois, pegamos carona no carro de Rami. A ideia era sairmos dali para algum bar. Mas Rami e Sarah insistiram em passarmos na casa deles primeiro para um chá. Acabamos batendo papo e comendo sanduíches de pão árabe e peito de peru na sala de estar deles. Rami comia um miojo com um garfo direto da panela pequena em que tinha preparado a massa. Não queria gastar com comida ou sanduíches na rua, estava tentando poupar dinheiro.

Durante o chá, eles me contaram que na Síria todo mundo estava cansado da corrupção do governo. Um primo de Assad era conhecido como "Sr. 5%", porque de tudo o que se construía, vendia ou era investido no país, 5% eram dele.

"Todo mundo sabe, a Síria é uma monarquia disfarçada. Nos tempos do pai de Bashar [Hafez Assad], pelo menos não tinha tanta gente envolvida na roubalheira, o círculo era menor. Agora a família estendida [primos, sobrinhos etc.] é que governa o país", explicou Sarah.

Ela, Rami e Issa concordavam. Era essa situação que tinha alimentado os protestos que começaram em 2011 contra o governo. Outro fator crucial teria sido o "contágio" das primaveras na Tunísia e no Egito.

O bate-papo sobre política síria continuou noite adentro e começou a esquentar. Rami e Issa discutiam em árabe em voz alta, enquanto eu conversava com Annia sobre os projetos de fotografia dela no Líbano. Na televisão local, era transmitida ao vivo a votação histórica na Assembleia Geral da ONU que elevou a Palestina ao status de Estado observador no fórum.

Um pouco depois, Annia disse que tinha de acordar cedo no dia seguinte e se levantou do sofá para começar a dizer tchau. Issa fez a mesma coisa. Aproveitei a deixa e também me despedi de Rami e Sarah.

Na rua, caminhamos os três até a esquina da rua onde Annia morava, em Hamra. E depois seguimos eu e Issa até o fim da avenida. Acabamos rachando um táxi de lá até Gemmayzeh, onde eu morava e ele ia se encontrar com amigos. Conversamos bastante no caminho todo. Eu gostava do sorriso dele. Trocamos nossos números de telefone. Quando lhe dei um beijo de despedida no táxi e disse que esperava que voltássemos a nos ver, ele respondeu: "Com certeza." Subi as escadas para casa pensando que queria que ele estivesse certo.

* * *

Alguns dias depois, Sarah me mandou uma mensagem por e-mail. Acabara de chegar à casa da mãe em Damasco. Eram quase 2h da manhã. Tinha cruzado a fronteira de noite em um táxi. O que era comum nos tempos de paz, mas extremamente arriscado nos novos dias de guerra.

"Éramos só nós na estrada. Geralmente as pessoas atravessam a fronteira de dia. Uma hora tive medo, mas depois passou. Nada como estar em casa, querida", ela me escreveu.

Fui dormir impressionada com a coragem dela e preocupada com sua segurança. Era tudo tão surreal e distante da minha vida pessoal, mas de alguma forma compreensível. Se fosse eu no lugar dela, também preferiria voltar para casa. Não há lugar no mundo como o Brasil para mim.

Mas dali em diante toda vez que eu ficava sabendo de algum ataque ou explosão em Damasco, escrevia para Sarah perguntando como ela estava.

Em fevereiro de 2013, outra surpresa. Ela atualizou seu status de relacionamento para "casada" no Facebook. Não fazia ideia de quem era o novo marido, mas escrevi a ela dando os parabéns e desejando felicidades. Ela respondeu agradecendo. E contou que estava de mudança com a mãe e o marido para a Turquia, iam viver perto de Roy. Fiquei feliz por elas.

* *

Numa outra noite, Che me ligou e combinamos de ir a um bar em Gemmayzeh. Achei que amigos deles estariam junto, mas quando cheguei ao local percebi que éramos só nós. Issa era alauita e de uma família grande, de onze filhos, que vivia nas montanhas ao noroeste da Síria. Nunca cantou parabéns e não sabia quando era seu aniversário: "Entre 20 e 28 de novembro, me disse minha mãe da última vez que lhe perguntei sobre o assunto."

Tinha 25 anos, havia estudado blibioteconomia, mas sonhava em ser ator. Fez a prova na Academia Nacional de Teatro da Síria, mas não passou, eram só vinte vagas por ano. Acabou estudando biblioteconomia porque queria ir para Damasco e porque gostava de livros. "Burrice! Hoje penso que deveria ter escolhido sociologia, psicologia, qualquer outra coisa", contou.

Na Síria, também havia uma espécie de vestibular para entrar na faculdade. Mas era a nota desse exame que delimitava quais seriam as opções de curso universitário para cada um. Medicina, por exemplo, exigia uma nota de classificação muito alta. A pontuação de Issa lhe dava como opção, além de biblioteconomia, ciências sociais, letras e outros cursos da área de humanas.

Em Beirute, ele dava aulas particulares de árabe. Disse que gostava de ensinar as pessoas, de ver "o árabe crescendo nelas, elas tomando gosto pelo aprendizado do idioma". Antes da revolução na Síria, também dava aulas para estrangeiros. "Tinha uma vida de rei, estava cheio de alunos, ganhava bem e podia até economizar", explicou.

Estava em Beirute fugindo do serviço militar. Seu pai e sua mãe eram contra sua decisão, apoiavam o regime. E ele tinha um irmão mais novo oficial do Exército sírio, que estava na Rússia em um intercâmbio militar. Vivia em algum lugar remoto da vasta fronteira russa com a China. "Ele deu sorte de não estar na Síria agora durante a revolução, mas logo ele deve voltar. Espero que a guerra tenha acabado até lá." Segundo Issa, "existia um antes e um depois do exército, a lavagem cerebral era muito grande".

Uma vez, ele tinha feito um treinamento militar obrigatório aos 18 anos. Foram duas semanas com um grupo de outros cadetes acampados no deserto. Os batalhões passavam fome e não tinham sequer cobertores para enfrentar o frio da noite. Eram acordados com lanternas e carros buzinando. Parte disso era por conta da falta de recursos, e parte como técnica de treinamento sob estresse, comum entre militares e forças de segurança no mundo inteiro.

Quando a revolução começou em 2011, Issa pensou em servir ao Exército, mas viu o que o governo começou a fazer contra os manifestantes e opositores e mudou de ideia. Depois pensou em lutar ao lado dos rebeldes, mas também desistiu. "Eles são pagos por outros países, os mesmos que estão apoiando e financiando a guerra na Síria para seu próprio proveito", explicou. De qualquer um dos lados, porém, lutar no conflito seria levantar uma arma contra seu próprio povo. "Mas se tivesse uma guerra da Síria contra Israel, eu iria", disse Issa, valente.

Conversávamos em um bar chamado Chaplin. Fazia parte da cena cult, alternativa, de Beirute. Ficava escondido numa ruela entre Gemmayzeh e o bairro armênio. Tinha seis ou sete mesas pequenas para até três pessoas do lado de dentro. Um balcão, onde eram servidas bebidas. Garçons tatuados, com cabelos longos e coloridos. Peças de antiquário espalhadas como decoração e um telão onde passavam filmes de Charles Chaplin mudos e em preto e branco, enquanto tocava música internacional, jazz e música árabe contemporânea.

Na mesa do lado, um grupo de meninas lésbicas falava alto. Hora ou outra, uma levantava para dançar rebolando, ou eram duas se esfregando ostensivamente.

De repente, dois homens passaram distribuindo camisinhas. Era 1º de dezembro, Dia Mundial de Combate à Aids, eles explicaram. Issa ficou vermelho e eu ri alto. A sexualidade ainda era um tabu no Líbano.

A noite estava ótima. Até que no meio de alguma frase ele disse algo como "eu meio que tenho uma namorada". Oi? "Mas não somos namorados de fato e as coisas estão ruins entre a gente. Nos conhecemos há três meses só", disse. E acabou com a minha alegria. Como é que eu poderia continuar paquerando ele depois disso? Só se eu tivesse vocação para masoquista, pensei com meus botões.

A namorada era italiana, mas estudava na Austrália e estava voltando para Sydney em breve. O melhor amigo de Issa, um sírio poeta, estava na Itália. Outra amiga de infância na Dinamarca, outro em Dubai. Outro, ninguém sabia onde tinha ido parar, suspeitavam que a terra o tivesse engolido. Issa não tinha ninguém e não gostava de pensar no futuro. "Pelo menos aqui no Líbano estou perto da Síria. Em último caso, se der tudo errado, volto para a Síria e viro um ermitão nas montanhas ajudando minha avó a produzir labneh", disse ele rindo.

Daquele bar, fomos para um café, onde compramos um sanduíche. Ficamos conversando até às três da manhã. Rimos muito e nos conhecemos um pouco mais. Mas foi só. Voltei para casa achando que não veria mais o Che.

* * *

No fim de semana seguinte, Issa me ligou de novo. Combinamos de nos encontrar na escadaria perto da minha casa. Ele disse que íamos sair com seus amigos.

Minha surpresa foi chegar lá e encontrar, além de vários amigos sírios dele, sua namorada. Comecei a pensar em uma desculpa para sair dali o mais rápido possível. O problema era que eu estava gostando da noite.

Ficamos todos sentados na escada, bebendo vinho e áraque em copinhos plásticos. O destilado incolor era típico do Líbano, da Síria e da Turquia, e quando misturado com água se tornava branco, doce e forte. As garrafas de bebida tinham vindo escondidas dentro da mochila de um dos sírios. Conversávamos, enquanto alguns dos amigos de Issa faziam coro cantando em árabe. Conheci Jaffan, 31. Ele era cirurgião veterinário em Tartus, na Síria. Falava inglês com dificuldade e estava no Líbano havia três dias. Arranjou um bico como eletricista, fazendo reparos. Tinha fugido da Síria para não lutar no Exército, após ter sido recrutado.

Romântico, falava de Erich Fromm e de como sonhava em ser pai. "Não importa a religião, a cor, a nacionalidade. Só importa o amor", disse ele categórico, ecoando aquela música dos Beatles, "All You Need Is Love". "Quero encontrar alguém que cuide de mim e de quem eu cuide, que me respeite e me ame", continuou.

Amigos italianos da namorada de Issa chegaram e, da escada, fomos todos a um bar. No meio do caminho, porém, metade do grupo quis ir para a Radio Beirute e a outra para o Café em Nazih. Era minha chance de me separar de Issa e sua namorada. Mas, em vez de ir com ela para a Radio Beirute, ele veio comigo e os outros meninos sírios.

Continuamos tomando áraque. Na ponta da mesa, outro sírio de chapéu preto, rabo de cavalo loiro e olhos verdes escrevia num caderno sem parar. Taufiq contou que estudava russo sozinho há meses, usando um dicionário árabe-russo. Queria se mudar para a Rússia e um dia se casar com uma mulher bem loira, de pele branquinha e olhos muito azuis. "Por quê?", perguntei curiosa com a precisão de detalhes do sonho dele. "Porque eu gosto", respondeu simplesmente. Enquanto o sonho não virava realidade, trabalhava em um salão de cabeleireiro no bairro armênio de Beirute. O dono, um cristão, tinha lhe empregado e dado moradia num quartinho dos fundos. Taufiq também estava pensando em se converter a cristão para agradar o novo patrão. De família muçulmana, ele na verdade nunca tinha sido religioso.

Depois de muita conversa e risadas, os meninos precisavam ir embora porque moravam longe. Já eram mais de 2h da manhã. Eles me levaram até minha escadaria, me despedi deles e Issa subiu comigo até a porta do meu prédio. No último instante da noite, me beijou.

* * *

Na noite seguinte, fui com Issa ao Caracas, também conhecido como o pub comunista de Beirute. Era um bar minúsculo, dentro não cabiam mais de quinze pessoas. Não havia janelas e só existia uma porta de entrada, de correr, como as dos restaurantes japoneses pequenos da Liberdade, em São Paulo.

Fotos cobriam as paredes. Eram 3x4 de anônimos que passaram por ali, imagens de famosos "vermelhos". Também havia notas de dinheiro do mundo todo, e pôsteres de Che Guevara, Darwich, Feruz e Lenin ao lado de munições e espingardas. A bebida ali era baratíssima e qualquer pedido era acompanhado de uma entrada de amendoins e castanhas, com húmus e salada de pepino. As mesas e o balcão estavam lotados. Jovens, amigos, namorados, um grupo de senhores mais velhos animados. Do lado de fora, havia uma fila de espera, desde a hora em que chegamos até quando saímos.

Eu disse a Issa que gostava dele, mas que não ia continuar saindo com ele, uma vez que ele tinha namorada. Ele insistiu que o relacionamento ia mal e que não considerava como namoro o que eles tinham. Não me convenceu.

* * *

No dia seguinte, fomos tomar vitamina de abacate em Gemmayzeh. Em Beirute, eram comuns essas lojas que parecem quiosques e vendem sucos e vitaminas dos mais variados tipos de frutas.

Issa me contou que sentia vergonha de estar trabalhando para uma ONG francesa agora. Ele fazia parte de uma equipe da organização que era contratada pelo WFP (Programa Mundial de Alimentos) da ONU. "Enquanto distribuímos 30 dólares por família em voucher de alimentação, o staff libanês gasta quase 50 dólares em um almoço luxuoso", disse. Segundo ele, outro problema seria o alcance do benefício. "Muitos sírios que precisam não recebem o voucher porque não estão registrados como refugiados, e muitos refugiados que recebem não precisam. Outro dia fomos a uma casa entregar os tíquetes e a família tinha três carros, alugava uma casa grande em Sour", explicou.

Muitos dos sírios preferem não se registrar como refugiados, por orgulho ou por medo de possíveis retaliações do governo sírio.

Apesar de estar próximo de outros refugiados sírios e colaborando com operações humanitárias em prol deles, Issa questionava seu trabalho a cada dia.

"Só continuo por causa do dinheiro que me pagam, mas prefiro dar aulas de árabe. E a pior parte de tudo isso é que os países que pagam toda essa ajuda são os mesmos que estão financiando a guerra na Síria", afirmou ele suspirando. E emendou: "Fico satisfeito de estar tentando ajudar ou me envolver com a situação na Síria, mas tenho vergonha. Vou receber mil dólares por mês, que é o salário mais baixo da ONG, mas é muito dinheiro para alguém que vem da Síria."

Dado o caráter emergencial e provisório da crise na Síria, também faltam documentos, recibos e gente para atuar em muitas organizações internacionais sediadas no Líbano recentemente. A situação é de precariedade.

"Para muitos envolvidos, quanto mais a crise na Síria se prolongar, melhor. Essas organizações têm interesse em manter seus empregos, ganhos e essa estrutura humanitária milionária", acrescentou Issa.

Ele foi contratado porque conhece a gerente de projetos da ONG, uma italiana de quase 40 anos que vivia em Beirute e namorava um sírio curdo.

Dividido entre o senso de responsabilidade e a solidariedade a seu povo e seu país e os abusos e extravagâncias do mundo humanitário, Issa bebia vinho no bar comunista. Vinha de um país onde o consumismo não era tão desenfreado quanto no vizinho Líbano, por exemplo. "Os libaneses não gostam dos sírios, tanto porque ocupamos o país quanto por causa da política de governo sírio dos últimos trinta anos. Nenhum libanês viajava para a Síria, mesmo antes da revolução", contou. Em seguida, criticou o excesso de trânsito, de lojas de grife e de carros de luxo no Líbano.

Issa não frequentava redes de café americanas e europeias. No bolso da calça, uma carteira Mont Blanc. Era um idealista aos 25 anos. Convicto, mas menos coerente do que se acreditava. Como eu também.

* * *

No dia seguinte, acordei com o toque da trombeta. "Senhora Carolina?", alguém perguntava, em português, do outro lado do meu celular libanês. Eram 8h da manhã de um domingo. Eu completamente rouca e ainda sonhando respondi: "Sim." Era o tenente (coronel? almirante? Com sono ou sem sono, eu era péssima para guardar patentes militares) Ernesto sobre um pedido que eu fizera ao Ministério da Defesa para entrevistar o comandante da fragata brasileira *Liberal*, que integrava a Unifil (missão de paz da ONU no sul do Líbano).

Acabei fazendo duas visitas ao navio, quando ele ancorou no porto de Beirute. Uma para tirar fotos e conhecer a estrutura da fragata e outra para entrevistar o almirante Wagner Lopes de Moraes Zamith.

Foi a primeira vez na vida que entrei em um navio de guerra. E eu que, em matéria de máquinas e motores, mal sabia diferenciar um Gol de um Celta, achei sensacional. Era uma obra-prima da engenharia aquela estrutura enorme de aço e ferro capaz de atravessar oceanos. A fragata era imensa, cinza por fora, com radares, um heliporto, um canhão. Por dentro, parecia o labirinto mais limpo e organizado do mundo: paredes verdes, escadas sem corrimão por todo lado, corredores estreitos, escotilhas, portas que davam para salas, saletas, salões, refeitórios e dormitórios. Ali vivia uma tripulação de 251 homens.

Com o prolongamento do conflito na Síria, o Líbano apertara o cerco das suas fronteiras marítimas para evitar a entrada ilegal de armas no país. As inspeções dos navios eram lideradas pela força naval das Nações Unidas, comandada justamente pelo Brasil com sua fragata *Liberal*.

Em 2012, a força-tarefa marítima da Unifil completou seis anos em atividade. "Só nos dois últimos anos, com o Brasil à frente da missão, fizemos muito mais inspeções do que nos quatro anos anteriores", afirmou o almirante Zamith.

Segundo ele, desde 2006, cerca de 50 mil navios foram interrogados e 2.800 inspeções realizadas. Em agosto, a média mensal de inspeções saltou para 120. No último ano, foram quase mil. Com a guerra civil na Síria, a Unifil teve seu mandato revisto e assumiu o papel de evitar a entrada de armas ilegais no Líbano, com destino ao território sírio.

"Acredito piamente que as inspeções trazem mais segurança para a região. O navio que porventura queira entrar no porto com material ilegal sabe que vai ser interrogado, vai ser inspecionado. Se for pego vai ficar aqui preso, o navio arrestado, a tripulação vai ser julgada", explicou Zamith.

Mais de 50% das embarcações que entram num porto libanês são inspecionadas pelas autoridades libanesas

Líbano

Freedom Graffiti, arte digital sobre fotografia tirada em Homs, na Síria. Obra inspirada em *O beijo*, de Gustav Klimt, e parte da série *Syrian Museum*, de Tammam Azzam. [Cortesia Tammam Azzam]

Hugging (Abraçando), pintura a óleo, do artista sírio Anas Homsi. [Cortesia Art Circle Gallery]

Equipe da ONG Caritas realiza entrega de itens humanitários a refugiados sírios e beduínos em Baalbek, região próxima da fronteira com a Síria.

Sírios preparam refeição em campo de refugiados improvisado no Líbano. As condições de moradia são precárias na área, que desde 2011 abriga número crescente de sírios, fugitivos do conflito no seu país de origem.

A grande mesquita de Mohammad Al-Amin e a catedral maronita de São Jorge estão lado a lado no centro de Beirute. A população do Líbano divide-se entre cristãos e muçulmanos, e o país é considerado um raro exemplo de democracia e coexistência religiosa relativamente pacífica no Oriente Médio.

As escadarias em Beirute são recobertas de grafites e pinturas bem-humoradas. Esta, no bairro cristão de Gemmayzeh, faz um convite: "Vamos pensar positivo."

Tunísia

A menos de 30 quilômetros da capital Túnis, Sidi Bou Said é um famoso reduto turístico, repleto de casas brancas com portas e janelas azuis aos moldes gregos e franceses.

A principal rua de Túnis é a avenida Habib Bourguiba. Também conhecida como a Champs-Élysées tunisiana, é onde estão localizados os principais prédios do governo.

A região de Gafsa, no centro-sul da Tunísia, é recoberta de cadeias de montanhas e famosa pela mineração de fosfato – uma das maiores do mundo.

Os bazares ou *souks*, mercados de rua do Oriente Médio, são o coração das capitais árabes, onde grande parte das cidades nasceu por causa das rotas de comércio.

Campo de refugiados de Shousha, na fronteira da Tunísia com a Líbia.
[Cortesia UNHCR]

Em dezembro de 2011, foi inaugurada em Sidi Bouzid uma estátua em homenagem ao vendedor ambulante Mohamed Bouazizi, que morreu após atear fogo ao próprio corpo em protesto contra os abusos policiais.

Grafites com slogans sobre liberdade e a Primavera Árabe espalham-se pelos muros de Sidi Bouzid. A cidade foi palco do início do movimento, que mais tarde serviu de inspiração para outros países da região.

Imensas portas azuis com motivos islâmicos são comuns em Sidi Bou Said, na costa da Tunísia.

O Portão do Mar, também conhecido como Bab el Bahr ou Porte de France, separa a parte moderna de Túnis, a Ville Nouvelle, da antiga Medina, o centro árabe.

Praia de La Marsa, nos arredores de Sidi Bou Said, na Tunísia. Durante o verão, a região é procurada principalmente por turistas franceses e italianos.

Ruínas romanas espalham-se por toda a cidade de Cartago. Antiga colônia fenícia, também foi disputada por romanos na Antiguidade.

Wafa Ben Slimane e eu no topo do prédio onde morava o namorado dela, em La Marsa. Nos fins de semana de verão, eles organizam churrascos e comes e bebes com amigos no terraço.

Egito

Jovens do movimento Imprint saem à praça Tahrir, no Cairo, de coletes para socorrer mulheres vítimas de assédio sexual durante os protestos. [Cortesia Imprint]

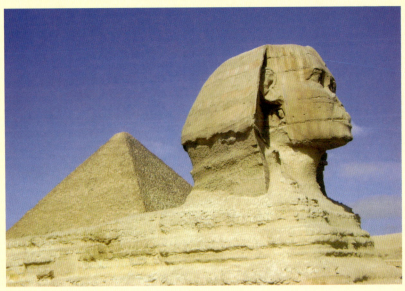

A grande esfinge de Gizé com a pirâmide de Quéfren ao fundo, no Cairo.

A Primavera Árabe egípcia de 2011 é chamada no país de Revolução de 25 de Janeiro, data em que começaram os protestos populares.

A tradição de produção de perfumes no Egito remonta à Antiguidade. Antes da invenção da destilação do álcool, os perfumes eram feitos com extratos de flores, madeira e plantas conservados em óleo.

Bandeiras do Egito são hasteadas na praça Tahrir. Manifestantes penduram-se em grades e escalam postes, gritando slogans da Primavera Árabe.

Da janela do hotel onde fiquei hospedada, o centro do Cairo lembra um pouco o Rio de Janeiro. Mesmo no inverno, o calor persiste e a cidade vibra ao som de buzinas, música e pessoas falando alto.

Durante os protestos na praça Tahrir, pães e doces também são vendidos aos manifestantes. Ambulantes aproveitam a ocasião para obter uma renda extra. Cada quilo de pão era vendido por menos de US$ 0,50.

Menos de dois anos após a queda do ditador Hosni Mubarak, milhares de egípcios voltaram às ruas. Desta vez, em protesto contra o novo líder eleito, Mohammed Morsi.

Na praça Tahrir, dois anos após a queda do ditador Hosni Mubarak, milhares protestam contra o governo recém-eleito da Irmandade Muçulmana.

No Egito pós-ditadura, os protestos na praça Tahrir ganharam contornos de carnaval. Máscaras, faixas, buzinas e bandeiras são vendidas por ambulantes a preços módicos.

hoje. "Quando esta crise foi instalada, ficamos mais atentos à possibilidade de contrabando de armas, e o percentual de inspeções cresceu", acrescenta Zamith. O pedido de mais patrulhamento ao governo libanês partiu do comando brasileiro da força naval da Unifil.

Por causa das intensas patrulhas, a fragata brasileira *Liberal* — que integrava a força marítima da Unifil desde maio ao lado de sete outros navios de cinco países — passava em média 21 dias por mês no mar.

"À medida que se prolonga a situação na Síria, a gente fica atento, acompanhando de perto. Nossa postura é a mesma do Líbano, evitar que haja o transbordamento da crise na Síria para dentro do país", explicou Zamith.

Em 2012, dois navios foram apreendidos no Líbano com carregamentos de armas, supostamente destinadas aos opositores do regime de Bashar Assad, na Síria. Em abril, o navio egípcio *Lutfalla II* foi abordado e um carregamento de 150 toneladas de armas foi encontrado dentro da embarcação. Três dias depois, o cargueiro italiano *Grand Sicily* foi abordado com ao menos 60 mil cartuchos de munição a bordo.

Em maio, a ONU denunciou que armas estariam sendo contrabandeadas entre o Líbano e a Síria. "Com base nas informações que temos, há razões para acreditar que há um fluxo de armas em ambos os caminhos, do Líbano para a Síria e da Síria para o Líbano", disse Terje Roed-Larsen, o enviado especial da ONU para uma resolução do Conselho de Segurança que exige o desarmamento do Hezbollah (milícia e partido político libanês pró-Síria). A maior parte do fluxo de contrabando, porém, acontecia pela porosa fronteira terrestre entre os dois países.

Ativa desde outubro de 2006 no Líbano, a força naval da Unifil é a primeira de uma missão de paz da história da ONU. Em fevereiro de 2011, o Brasil assumiu o comando da missão de paz no litoral libanês a pedido do Conselho de Segurança da ONU. Foi a primeira vez que o comando da Unifil, criada em 1978, ficou a cargo de um país não pertencente à Organização do Tratado do Atlântico Norte (Otan). O feito também é inédito na história da Marinha brasileira.

"O Brasil está liderando uma força-tarefa única. Por si só, assumir esta liderança já traz muita visibilidade para o país. E deslocar uma fragata a uma distância de 11.500 quilômetros é uma demonstração de capacidade. O Brasil é o país que vem de mais longe; se estar há mais de seis meses no Mediterrâneo já é difícil para países da Otan, imagine para o Brasil", afirmou Zamith.

A participação militar brasileira na Unifil foi negociada entre a ONU e o governo do Brasil, em 2010. Com o acordo, o Brasil — que ambiciona uma cadeira no Conselho de Segurança da ONU — ganharia maior visibilidade internacional e a missão de paz um novo apoio, depois que o governo italiano retirou suas forças para enviá-las ao Afeganistão. O Congresso brasileiro aprovou orçamento de R$ 93,4 milhões para a Marinha permanecer à frente da Unifil em 2013.

Yallah bye!

De volta do passeio à fragata, fui dormir e sonhei que estava no meio do mar, dentro de um barco. Era noite e o céu e o mar eram pretos, difícil ver onde um começava e o outro terminava no horizonte. Fazia silêncio, como se o mar estivesse parado. Ao longe, a luz de um farol brilhava de um lado para o outro. Despertei pensando em um dia virar marinheira ou pescadora, se tudo o mais não desse certo na vida.

De Beirute, eu viajaria para passar o fim de ano em Londres. Um dia antes do embarque, recebi uma mensagem no celular. Era Issa me dizendo que tinha terminado com a namorada. Fiquei feliz e brava ao mesmo tempo. Se fosse mesmo verdade, era sinal de que ele gostava de mim. Mas será que ele esperava que eu saísse correndo atrás dele de alegria pela decisão? Ou mudasse de ideia sobre ir para Londres? Ou será que isso significava que ele queria algo sério? Fiquei me perguntando. Eu conhecia Issa muito pouco e aquilo tudo era muita informação para processar em pouco tempo, não tinha cabeça para mais nada naquela hora. Respondi dizendo que estava feliz pela decisão dele, mas que estava terminando os preparativos para a viagem no dia seguinte. "Quando eu voltar nos vemos", escrevi em outra mensagem. Precisava pensar. Tudo o que eu queria naquele momento era ir para Londres. Até eu voltar ao Líbano, dali a mais de um mês, acreditei que seria tempo suficiente para deixar tudo mais claro. Ele em relação à namorada ou ex-namorada, à vida dele, e eu em relação à minha. Eu ainda tinha uns fantasmas de Natais passados e futuros a encarar.

Desvio de rota

Londres

A sabedoria vem com os invernos.
OSCAR WILDE

Na chegada a Londres, vindo de um voo de Beirute, enfrentei a longa fila da imigração para estrangeiros. No balcão, entreguei meu passaporte e a moça muito ruiva perguntou:

— É sua primeira visita ao Reino Unido?

— Sim, já estive em outros países da Europa, mas não no Reino Unido.

— E qual seu propósito aqui?

— Vim passar Natal e Ano-Novo com amigos em Londres.

Ela continuou acenando a cabeça e folheando meu passaporte. Era a terceira vez que fazia isso. Parecia confusa. Comecei a ficar preocupada. "Seriam os meus vistos esdrúxulos do Sudão do Sul, Haiti, Líbano e cia.?", me perguntei.

— E por que você não tem um visto? — ela questionou.

Meu coração disparou. "Visto, visto, visto, visto?", a palavra ficou se repetindo na minha cabeça. Respondi quase perguntando, para conferir quem era a louca da história:

— Porque eu sou brasileira...

Ela sorriu e olhou de novo a capa do meu passaporte.

— Yes, you are! Você não precisa de um visto — ela respondeu sorrindo. O rosto vermelho pela gafe.

— Sei que pareço libanesa, mas não sou — brinquei, sorrindo.

— Desculpe, é que todo mundo na fila é libanês. Achei que você fosse libanesa e tivesse vindo aqui sem visto, teria de repatriá-la.

"Que horror", pensei comigo mesma. "Que bom ser brasileira."

— Tenha um Feliz Natal — a moça me desejou carimbando meu passaporte.

Vi a queima de fogos na London Eye, a enorme roda-gigante da cidade, com Lisa, uma amiga chinesa que conheci no Quênia. Ela tinha 21 anos, mas já fazia mestrado em Neuropsicologia em Londres.

Apesar de cheias, as ruas estavam fortemente policiadas. E o metrô ficou aberto 24 horas. Toda a virada do ano era supermonitorada e organizada. Alguns jovens bêbados gritavam ou dançavam nas ruas fechadas ao trânsito, outros estavam caídos trêbados no chão, era este o tipo de "farra" que se via por ali.

Na hora da queima de fogos, a multidão, organizada numa área delimitada por policiais montados em cavalos, tirou fotos e filmou tudo. Olhei para os lados e, em vez de ver as pessoas se abraçando ou assistindo ao espetáculo, todos estavam de olho em seus celulares e câmeras registrando o momento.

* * *

No 1º de janeiro, o lojista indiano perguntou ao cliente, um jovem britânico:

— Como passou a virada de ano?

— Bêbado — respondeu o garoto, que não devia ter mais de 21 anos. Um meio sorriso. Esta era a Inglaterra.

Ver gente consumindo uma bebida atrás da outra em pubs desde as duas da tarde até a noite era comum em Londres. O alcoolismo era reconhecido como um problema grave de saúde pública no Reino Unido. Segundo dados do governo e da ONG DrinkAware, em 2012, 10 milhões de pessoas na Inglaterra bebiam mais do que o recomendado. E cerca de 9 mil morriam a cada ano no Reino Unido de doenças relacionadas com a ingestão excessiva de álcool.

* * *

Passei o Natal e o Ano-Novo com amigos em Londres. Consegui conhecer bastante a cidade. Toda "gray and grass" ("cinza e grama"). Fui a uma churrascaria, tomei açaí e comi pão de queijo. Consegui matar a saudade de comida brasileira. Vi a casa de George Orwell em Porto Bello. E tudo de metrô, o maior do mundo. Londres é uma cidade excepcional.

Foi um fim de ano difícil, de introspecção, lembranças e decisões. Achei o frio e o tempo cinza de Londres no inverno bastante deprimentes. Mas gostava de caminhar pela cidade sozinha de noite, os londrinos dormiam cedo e as ruas dos bairros residenciais ficavam vazias. Nunca conheci um lugar tão internacional também. Gente do planeta inteiro vivia naquela babel e tudo funcionava com rapidez e eficiência. Londres me deu saudades do mundo e de Issa.

Segunda Parte

Tunísia

> Que tudo "continue assim", isto é a catástrofe.
> WALTER BENJAMIN

Na primeira semana depois do Ano-Novo parti para a Tunísia. O plano era viajar pelo país e pesquisar mais sobre o início da Primavera Árabe, antes de retornar a Beirute.

A Tunísia com que me deparei parecia saída de um conto de fadas árabe. A pequena cidade onde eu me hospedaria durante minha estada ficava a menos de 30 quilômetros da capital, Túnis, e se chamava Sidi Bou Said. Portas e janelas azuis, em meio a paredes brancas, por todos os lados. Fazia sol e o céu não tinha nuvens.

No mesmo dia em que cheguei, fui passear pelas ruas. Parei num café com mesas do lado de fora, numa das três principais avenidas da cidade. Tomei café com croissant, ouvindo um monte de passarinhos cantando. Depois de Londres no inverno, eu estava achando aquilo tudo paradisíaco. As mulheres usavam véus, os homens fumavam nos cafés e as padarias vendiam baguetes em vez de pão árabe (herança da colonização francesa). Nunca antes vi portas tão bonitas em minha vida.

Do aeroporto para Sidi Bou Said, tinha vindo de carona com Asma, a diretora da escola de idiomas onde eu iria estudar francês. Conversamos sobre a situação do país dois anos após a Revolução de Jasmim — nome dado em alusão à flor que desabrochava pelos quatro cantos do país durante a primavera. "Nada mudou ainda, acho que vai demorar mais uns cinco anos para vermos alguma diferença", disse Asma.

Passávamos em frente a uma das casas do ditador deposto Zine el Abidine Ben Ali, um palacete com torres brancas. Antes, a rua era fechada para o trânsito. Depois da queda de Ben Ali, a maioria de suas muitas mansões pelo país tinha sido invadida, saqueada e depredada. Em 23 anos no poder, o ditador tinha criado uma rede de apoio de familiares que controlava ativos em todos os setores da economia: de bancos e seguradoras a companhias aéreas.

Em consequência, alguns poucos tunisianos que pertenciam à família do ex-ditador viviam com um padrão de vida exorbitante enquanto a maioria do país passava fome, enfrentando uma dura crise econômica desde 2008. Segundo estimativas da ONG francesa Transparência Internacional, o clã Ben Ali controlava de 30% a 40% da economia da Tunísia, algo em torno de US$ 10 bilhões.

A população há muito tempo tinha conhecimento da corrupção, mas a revolta popular tomou nova dimensão depois do vazamento de correspondências diplomáticas pelo Wikileaks, em 2010. O site publicou um telegrama de um ex-embaixador americano afirmando que a família Ben Ali era vista amplamente no país quase como uma máfia. O diplomata, em seguida, relatou um jantar na vila à beira-mar de uma das filhas do presidente, onde era servido frozen yogurt importado com exclusividade da França e um tigre de estimação era mantido preso numa jaula no jardim, alimentado com quatro galinhas por dia.

Depois da queda de Ben Ali, 33 membros de sua família foram presos, acusados de aquisição ilegal de bens e transferência irregular de fundos para o exterior. Ele próprio se exilou na Arábia Saudita, mas as autoridades tunisianas pediram à Interpol um mandato de prisão para ele e outros seis fugitivos.

* * *

Do café, continuei caminhando na direção de Cartago. A cidade histórica, repleta de relíquias romanas, ficava a menos de 10 quilômetros de Sidi Bou Said.

No caminho, passei em frente a um Palácio Presidencial. Havia guaritas e guardas armados na entrada e nas calçadas.

"Madame!", ouvi chamarem alto. Olhei em volta e não vi ninguém, só podia ser comigo aquilo. Parei e olhei para o guarda que estava a uns dez passos de distância de mim. "Pardon?", perguntei em francês. Ele continuava gritando a distância: "Você não pode andar nesta calçada, ela é proibida para pedestres!"

Mas não havia nenhuma placa, nenhuma sinalização antes, nada. Era impossível ter adivinhado. Olho para a calçada do outro lado da avenida e aponto para lá, indicando minha retirada. A outra alternativa seria sair dali de helicóptero ou pegar um táxi.

Herança também da era Ben Ali, o palácio presidencial era enorme. Bandeiras vermelhas da Tunísia estavam estendidas, ao longo de muitos metros. Calculei ao menos cinco quadras.

Governos e suas estruturas elefantescas eram fato recorrente no mundo todo, mas no Oriente Médio e na África os exageros eram gritantes. Fiquei pensando no despropósito da situação: representantes do povo, eleitos pelo povo para, no poder, afastarem-se e diferenciarem-se do próprio povo.

Desemprego

"Ma fi halib." Em árabe, "não há leite". Acabou.[8]

Dois anos após a Primavera Árabe, a frase era recorrente nos mercados da Tunísia.

Os tunisianos que estavam nos mercados esvaziados compravam pouco. O pão, base da alimentação diária no país, era barato. O preço dos vegetais, frutas e carnes, porém, disparou em 2012 no país, cuja taxa de desemprego gira em torno de 17%. Estima-se que a economia cresceu 2,2%.

"É a primeira vez que falta leite desde a Segunda Guerra Mundial. Estamos percebendo que liberdade política é uma coisa boa, mas não é tudo", disse o secretário-geral do Crescente Vermelho Tunisiano, Tahar Cheniti.

O governo cogitava importar leite do Leste Europeu. A escassez cresceu porque era mais lucrativo o contrabando de leite tunisiano para a vizinha Líbia.

---

[8] Trechos deste texto foram publicados originalmente pelo jornal *Folha de S.Paulo*. [Carolina Montenegro. Inverno. *Folha de S.Paulo*, [s.d.]. Disponível em: <http://www1.folha.uol.com.br/fsp/mundo/88665-inverno.shtml>.

Lotadas em Túnis, só mesmo as casas de chá. "Porque há muita gente desempregada, sem ter o que fazer, e o chá aqui é bom e barato", contou Wafa Ben Slimane, 32. Formada em letras, ela participou ativamente dos protestos populares pela queda do ditador Zine el Abidine Ben Ali (1987-2011). Alguns dias depois, eu conversaria mais com Wafa sobre a situação da Tunísia num restaurante libanês em La Marsa.

A onda de mobilizações — mais tarde chamada de Primavera Árabe — nasceu na Tunísia, em 2010, e espalhou-se por Egito, Líbia, Iêmen e Síria.

Em 2012, na Tunísia, a recém-conquistada democracia atravessava seu teste de fogo. Alguns tunisianos diziam que, depois da primavera, o país vivia seu inverno. O sentimento de frustração era grande e havia até quem pedisse a volta de Ben Ali. A maioria estava descontente com os rumos e o ritmo do pós-revolução.

"Ainda acreditamos na Primavera Árabe? Esta é a pergunta que nos fazemos hoje", disse Omar Mestiri, dono da rádio Kalima e fundador do Conselho Nacional pela Liberdade na Tunísia.

O governo eleito em dezembro de 2011 era liderado pelo partido islâmico Nahda, que obteve amplo apoio da classe média e das parcelas mais pobres da população nas urnas. Mas agora via sua aprovação despencar.

Pesquisa publicada pela revista francesa *Jeune Afrique* indicava que apenas 30% dos tunisianos estavam satisfeitos com o atual governo. Um ano antes, a aprovação era de mais de 50%, segundo o instituto Emrhod Consultings.

"A Primavera foi a maior mudança na história recente da Tunísia. Mas certamente há desafios enormes pela frente. Os principais são: as eleições, a segurança, a independência do Judiciário, a liberdade da mídia e o combate à corrupção", disse Mestiri.

Uma nova Constituição está sendo escrita e eleições devem acontecer em junho de 2013, após duas prorrogações na data do pleito.

Oposicionistas afirmam que o governo quer se manter no poder indefinidamente. "O Nahda está tentando controlar a mídia e o Judiciário. Algumas pessoas suspeitam que o partido quer instalar um regime autoritário, uma ditadura eleita", afirmou Nicolas Kaczorowski, diretor da Fundação Internacional para Sistemas Eleitorais (Ifes, na sigla em inglês), organização internacional que monitora eleições e democracias.

Desde a revolução, o número de partidos políticos legalizados na Tunísia saltou para mais de cem. Durante a ditadura de Ben Ali, apenas três partidos de oposição eram reconhecidos. O Nahda tinha sido considerado uma "organização terrorista" e foi banido em 1991.

Já a liberdade de expressão parecia estar sob ameaça, segundo Marwan Maalouf, representante na Tunísia do Instituto para Reportagem de Guerra e Paz (IWPR, na sigla em inglês).

Em 2012, o canal Nessma TV foi multado por exibir o filme *Persepolis*, uma animação sobre o Irã em que o profeta Maomé é retratado, o que viola o islã. Recentemente o dono de um jornal em Túnis foi preso e multado por publicar na capa a foto seminua da namorada de um jogador de futebol famoso.

"As coisas não são como antes"

Eu tinha passado o dia em Túnis, conhecendo a cidade e participando de palestras e entrevistas com ativistas, figuras políticas, acadêmicos e especialistas locais. Em 2012, o MideastWire, mesmo grupo que organizara o intercâmbio pelo qual eu visitara o Líbano três anos antes, realizava o seu primeiro "Tunis Exchange". Eram encontros com o intuito de promover pontes entre o Oriente Médio e o Ocidente. Na prática, o intercâmbio era organizado em torno de palestras, debates, entrevistas e viagens de grupos de estudantes e interessados estrangeiros pelo país em questão (Líbano, Tunísia ou Turquia).

Na Tunísia, entre os participantes daquela segunda edição aos quais eu me juntara estavam estudantes das renomadas universidades de Oxford, LSE, Harvard e de centros de estudo na Turquia e na França, além de profissionais como fotógrafos, professores e trabalhadores humanitários do Canadá, Noruega e Alemanha.

De noite, voltei para Sidi Bou Said. Eram seis da tarde, mas por causa do inverno já estava escuro. Um quiosque

que vendia jornal na esquina da rua de casa estava aberto e aproveitei para comprar o *Le Monde Diplomatique* e treinar o francês.

Lembrei, de repente, que não tinha pão em casa e que ia ficar com fome mais tarde. Procurei um mercado aberto por ali. Nada. Tudo estava fechado. A rua, que era uma das principais avenidas da cidadezinha, não era bem-iluminada, mas o tráfego de carros e pedestres era intenso.

Perguntei a uma senhora perto de uma clínica onde ficava o mercado mais próximo. Ela respondeu: "Só em La Marsa, mas é longe." E me ofereceu carona em seu carro. A outra minúscula cidade vizinha ficava a quinze minutos de caminhada. Aceitei a gentileza e entrei no carro dela.

Ela perguntou por que eu estava sozinha e me disse que era perigoso. Que, de noite, eu jamais deveria andar sozinha pelas ruas. "As coisas não são mais como antes", disse.

Depois de cinco minutos, paramos num supermercado aberto. Uma padaria ao lado também estava aberta. "Perfeito!", pensei comigo mesma. Agradeci a carona ainda impressionada com a hospitalidade tunisiana e já estava saltando do carro quando ouvi: "Mas você vai voltar para casa como?", ela me perguntava, aflita. "Por favor, pegue um táxi. Não é seguro aqui de noite. E tome muito cuidado com suas bolsas e sacolas", insistiu a senhora magrinha e assustada.

Na volta do mercado, me perdi em meio às ruas estreitas. Numa praça, o alto-falante da mesquita ressoava preces. Os cafés estavam cheios de homens fumando, enquanto as mulheres passeavam com as crianças nas ruas.

Perguntei a uma jovem de braço dado com a mãe qual era a direção para Sidi Bou Said. Ela respondeu: "É longe, você tem que pegar um táxi." Mas eu ainda me lembrava dos cinco minutos da vinda até ali e respondi que preferia ir andando. A menina insistiu que era longe, com os mesmos olhos aflitos da senhora que me dera carona um pouco antes.

Voltei a lhe perguntar se eu deveria seguir para a esquerda ou para a direita. Ela não respondeu nem um nem outro: "É perigoso andar sozinha de noite. Você não é daqui. Por que está sozinha na rua a esta hora?" Suspirei profundamente, agradeci a preocupação e saí andando. Depois de dobrar a esquina para ver se reconhecia onde estava, alguém tocou meu ombro. Era a menina esbaforida atrás de mim. "Olha, eu preciso mesmo ir para a estação de trem em Sidi Bou Said, podemos rachar um táxi", ofereceu ela entre solícita e desesperada. Me senti agradecida e horrorizada ao mesmo tempo. Eu estava na Tunísia e não no Congo ou no meio da guerra da Bósnia para não poder sair à rua às oito da noite, lembrei a mim mesma mentalmente. "Não, obrigada!", respondi. E voltei andando para casa. Sozinha.

Medo, medo, medo. Todo mundo tinha medo de alguma coisa na Tunísia. Em toda a região do Magreb (norte da África acima do deserto do Saara) o culto ao "evil eye" era grande. Mãos de Fátima e o olho grego para proteção contra o "olho gordo" eram talismãs constantes em brincos, pulseiras, cordões, espelhos, souvenirs e brinquedos. "Alguém está observando, alguém está atrás de você, tenha cuidado, fique atenta", era essa a sensação que imperava.

Coincidência, causa ou efeito, era essa região do mundo que abrigava algumas das ditaduras e monarquias mais policialescas do mundo. Vide o Egito de Hosni Mubarak, a Líbia de Muammar Gaddafi, a Síria de Bashar Assad, as monarquias no Marrocos e na Jordânia.

Na Tunísia, o forte aparato policial-militar era muito presente na vida cotidiana do país apesar da queda de Ben Ali. E estava diretamente relacionado com o desemprego, com a insegurança e com a violenta repressão a protestos populares no pós-Primavera Árabe. Muitos policiais e soldados tinham sido dispensados com o fim do regime de Ben Ali, e vários deles se ajustaram a milícias e grupos armados irregulares atuando com apoio de grupos políticos, o que trouxe mais insegurança ao país. A transição política e o advento da democracia deram mais voz e força aos protestos populares, que se multiplicaram, mas estavam sendo reprimidos pela mesma polícia e pelo mesmo Exército de Ben Ali. Com a mesma brutalidade. As instituições e forças de segurança do país não tinham sido reformadas. Bem como o sistema Judiciário.

O resultado era a multiplicação de blitz de trânsito em que os policiais intimidavam mulheres que não estivessem usando véus ou estivessem desacompanhadas de noite, pessoas em greve de fome por serem presas sem julgamento, uso abusivo da força policial contra protestos populares e irregularidades como o arrombamento orquestrado da casa de manifestantes e líderes populares.

Todos esses episódios me foram contados por mais de dez testemunhas tunisianas e por pessoas e profissionais envolvidos com a defesa dos direitos humanos no país. O depoimento mais impressionante, porém, eu ouviria dali a alguns dias em Gafsa — principal cidade do sul do país, palco de violentos protestos de mineiros em 2008. Seria o de Abd Rahmeme Rachid, presidente regional da Liga de Direitos Humanos da Tunísia.

Printemps Arabe

Na minha primeira aula de francês em Sidi Bou Said, conversei com meu professor Ahmad sobre a Primavera Árabe. Tinha explicado a ele que queria praticar conversação, que era jornalista e estava pesquisando as revoluções árabes para um livro.

Quando emendei que era brasileira, ele sorriu e começou a conversar sobre a Amazônia e Oscar Niemeyer. Um espanto. Ahmad sabia detalhes sobre a cultura e a geografia brasileiras. Mas nunca esteve no país. Disse que parte do conhecimento vinha dos estudos da época em que estava na escola e dos anos trabalhando na embaixada americana em Túnis. "Eu estudava tudo o que caía em minhas mãos sobre as Américas", contou.

Ahmad tinha 50 e poucos anos, difícil precisar. Era um senhor magro, de óculos e cabelos grisalhos. Vestia-se com simplicidade e elegância: estava sempre de terno e gravata, colete de lã e sapatos sociais.

Aos seus olhos o caminhar da revolução não ia bem depois das eleições. "Meu vizinho saiu da prisão depois da queda de Ben Ali e não tinha dinheiro nem para tomar um café. Ele estava preso justamente porque era afiliado ao Nahda, que era um partido perseguido pelo governo. Hoje que eles estão no poder, meu vizinho tem dois carros importados na garagem da casa dele", afirmou indignado. Falava em francês e eu ia entendendo tudo, mesmo que uma palavra ou outra me escapasse. A técnica de ouvir notícias e ver filmes em francês, que eu vinha praticando há algum tempo, começava a render frutos.

"Na minha casa somos nove, contando minha esposa, filhos e netos. Todos votamos no Ennahda, mas agora ninguém mais apoia o partido. Vamos votar em qualquer um, menos neles. O apoio popular que eles tinham está despencando, o povo não é bobo, vê o que está acontecendo", continuou Ahmad.

Para ele, o Nahda era incompetente e corrupto. Seus dirigentes estavam enriquecendo à custa do povo e de dinheiro da Arábia Saudita e do Catar, "que queriam apoiar uma democracia islâmica na Tunísia".

E como tinha começado a revolução na Tunísia?, perguntou o professor, me encorajando a falar francês. "Le peuple a fait des manifestations", comecei falando as palavras devagar, em dúvida se estavam certas. "Sim, exatamente", ele aprovou. Como se diz protestar ou protesto?, questionei. Ahmad respondeu: "Se soulever, un soulevement." Tomei notas e continuei: "Les manifestations se sont entendues pour tout le pays et sur la internet." O que eu ia dizendo ele ia escrevendo na lousa branca com uma caneta azul e eu anotava. Era bom para aprender vocabulário e a grafia certa das palavras em francês.

"Como eu digo que ele se imolou, ateou fogo ao próprio corpo?", perguntei. "Bouazizi, un marchand ambulant, s'est immolé par le feu", explicou o professor. Era francês aplicado à Revolução de Jasmim, adorei. E tão mais fácil de aprender do que o árabe! Voltei para casa repetindo pelo caminho as expressões e frases em voz alta para memorizá-las.

Aperte "on" para a revolução

No dia seguinte, em Túnis, tivemos um bate-papo em grupo com o blogueiro Slim Amamou sobre o papel da internet na revolução. Definitivamente, foi a conversa mais perturbadora de toda a minha viagem pesquisando a Primavera Árabe.

Slim era membro do Partido Pirata, um movimento de origem sueca e cultura hacker que desde 2006 advoga a liberdade de informação e está presente em vários países do mundo. Também foi ministro dos Esportes e da Juventude, de janeiro a maio de 2011, durante o governo interino no pós-Revolução de Jasmim.

Uma semana antes de virar ministro, estava preso nos temidos porões do Ministério do Interior da Tunísia. Algemado a uma cadeira e sem poder dormir por cinco dias, foi torturado física e psicologicamente. Autoridades lhe disseram que gritos vindos de celas vizinhas eram de familiares e amigos seus sendo espancados. Mentiras.

Aceitou o convite ao cargo em questão de minutos, afirmando na época à imprensa local que era "uma oportunidade excelente e seu dever" integrar os esforços de reconstrução do país. E acrescentou que iria aconselhar os membros mais velhos do governo sobre assuntos relativos a internet, comunicações e redes sociais. Renunciou quatro meses depois em protesto à censura de sites pelo governo interino, a pedido do Exército.

Blogueiro influente na Tunísia, Slim foi um dos líderes de protestos públicos contra a censura na internet em maio de 2010. Segundo o jornal britânico *The Guardian*, Slim "era um hacker ativo no circuito underground internacional há muitos anos". Com outros hackers, circulava vídeos na internet contra a repressão de Ben Ali, burlando sofisticadas tecnologias de censura do regime, que só eram comparáveis às usadas pelos governos da China e da Coreia do Norte.

Nos bastidores da Revolução de Jasmim, o governo da Tunísia e os hackers travaram uma guerra cibernética sem precedentes. Enquanto Slim e outros blogueiros ajudavam a organizar e divulgar os protestos e denunciavam a violenta resposta policial, o regime invadia contas de ativistas no Facebook, trocava senhas e códigos e deletava páginas inteiras. Em pouco tempo, o embate local ganhou caráter internacional. Hackers do mundo todo (aparentemente organizados sob o coletivo do Anonymous) lançaram uma ofensiva internacional chamada Operação Tunísia para derrubar sites do governo.

Em Paris, durante palestra na Sorbonne, em 2011, ele sintetizou sua visão e atuação no mundo:

> Acredito que a tecnologia, as redes sociais, são infraestruturas para construir sociedades; então seremos capazes de fazer também on-line tudo o que fazemos na

vida real. A maior parte da atividade social diz respeito à comunicação.

Antes, quando havia vilas com um número pequeno de habitantes, as pessoas apenas falavam umas com as outras. Agora isso não é mais possível. Mas com as novas tecnologias é de novo possível falar uns com os outros e eu acho que isso irá sustentar novos tipos de sociedades, sem fronteiras, sem limites.

É o que ilustra a revolução tunisiana. Durante a revolução, gente de todo o mundo participou. Pessoas iniciaram protestos no Cairo, em apoio à Tunísia. Nos primeiros dias da revolução, pessoas participaram a partir da França, de todas as partes do mundo — nos ataques do Anonymous a sites do governo —, de um novo tipo de protesto. Há muitos exemplos deste novo tipo de cidadania. Considero todas essas pessoas os cidadãos da nova Tunísia.

Dois anos depois da revolução, todo mundo sabia que a internet fora crucial para a queda de Ben Ali na Tunísia. Mas aquela não foi uma "revolução do Facebook", como alguns inicialmente a apelidaram, porque de "curtir" a sair nas ruas protestando havia uma grande diferença. As causas da revolução eram sociais, estavam arraigadas na sociedade tunisiana há anos. Bem como a articulação dos protestos (que levaram milhões às ruas) foi social, coordenada por grupos, entidades, ativistas e partidos políticos.

Dois anos depois da revolução, todo mundo também sabia que o "espírito" da revolução tinha se espalhado pela internet para o Egito, Líbia, Iêmen, Síria e além.

A internet era a ferramenta, e as redes sociais o canal usado para isso. O que nem todo mundo sabia era como isso tinha acontecido e quem eram as pessoas, forças e interesses envolvidos nesse movimento.

Slim contou esses detalhes numa sala de conferências de um hotel no centro de Túnis, conversando comigo e um grupo de estrangeiros em intercâmbio. O que ele revelou, na minha avaliação, colocou em xeque a legitimidade de boa parte da revolução. Não eram surpresas, mas foram confirmações estarrecedoras.

Naquela noite, ele usava óculos com armação grossa preta e tinha cabelo comprido preso num rabo de cavalo pequeno no alto da cabeça. Vestia camisa e colete escuros. Mexia com o copinho de plástico de café. Parecia reservado, mas tinha os olhos pretos mais vivos que já vi. Quando começou a falar não parou mais:

"Em [maio de] 2010, organizamos um protesto contra a censura à mídia na Tunísia. Organizamos demonstrações em quatro cidades do mundo e essas pessoas se tornaram informalmente conectadas pela internet. Eu me tornei uma figura conhecida publicamente porque reportava tudo o que estava acontecendo e o que estávamos fazendo. Produzimos vídeos, tornamos tudo aberto ao público. Estávamos exigindo o fim da censura à internet", contou Slim sobre a origem de sua atuação nos protestos na Tunísia.

Alguns meses depois, em dezembro, estourou a Revolução de Jasmim. "Começamos a receber vídeos de Sidi Bouzid mostrando protestos e pessoas queimando pneus. Um cara apareceu na filmagem contando a história de Mohamed Bouazizi. Mas não tinha nada sobre isso sendo divulgado na imprensa! O governo tinha cortado a internet e as estradas para Sidi Bouzid. A Al Jazeera tinha sido banida da Tunísia e eles estavam recebendo vídeos nossos", explicou, variando expressões de consternação e risadas irônicas. Reparei que ele parecia usar aparelho fixo nos dentes.

"Em 31 de dezembro, vi que o Anonymous estava conseguindo chamar a atenção das pessoas on-line para o que estava acontecendo na Tunísia. Em uma semana, o volume de censura do governo tunisiano já era o dobro do total de bloqueios do ano todo. Eu estava envolvido, não nos ataques on-line em si, mas na organização. Depois dos primeiros protestos, instalei ferramentas de geolocalização no meu celular, para que meus amigos pudessem ver onde eu estava sendo levado quando fui preso. Eu dependia da internet o tempo todo. Com o Anonymous, havia um enorme apoio de pessoas que eu nem sei quem eram espalhadas pelo mundo. Até Ben Ali renunciar, eu não dormi na mesma casa duas noites seguidas", explicou ele, citando motivos de segurança.

Sobre a breve passagem pelo governo, Slim já tinha um discurso diferente do original quando fora empossado. "Pouco depois disso, recebi um telefonema, estavam me convidando para ser ministro. O governo interino queria um ativista para lustrar sua imagem. Meus amigos me disseram que eles estavam me usando. Não podia perder a oportunidade de ser parte do governo. Aceitei só para garantir que haveria eleições, depois disso, renunciei."

Ele se esforçava para parecer um nerd da internet, um geek. Mas tinha um discurso político pró-internet bastante elaborado, com detalhes de técnicas e ferramentas on-line revolucionárias, como se tivesse sido doutrinado. "Sou um empreendedor, crio aplicativos para a web. Sou um cara da internet, um técnico. Meu blog fala pouco sobre política, tem mais coisa sobre redes sociais etc. Comecei a escrever on-line em 2009, durante a última eleição presidencial, porque estava furioso. Depois de Ben Ali ter sido reeleito, postei: 'Agora podemos nos focar em 2048.' Tinha calculado a expectativa de vida dele. Mas foi o meu único post político", afirmou Slim.

"Mas vocês, blogueiros e hackers tunisianos, receberam algum treinamento ou auxílio de outros países?", perguntei. Ele respondeu, sem meias palavras: "Os islamitas e o Ennahda eram contra a revolução. Falsificamos documentos de sindicatos dizendo que eles iriam participar dos protestos. A CIA ajudou doando câmeras para apoiar o registro dos protestos. Mas está tudo na internet, não precisamos de treinamento para isso em acampamentos. Se eu recebi algum treinamento foi dos anarquistas americanos e sérvios. Eu nem estou no Facebook, só tenho uma conta profissional com quinze amigos. Alguma outra pessoa colocava os vídeos on-line."

Engoli em seco. Uma coisa era ter lido sobre a influência do livro *Da ditadura à democracia*, de Gene Sharp, na Primavera Árabe. Mas o panfleto, escrito em 1993, como um guia para a luta não violenta, teria servido de inspiração e passo a passo teórico para os revolucionários no mundo árabe derrubarem ditaduras. Americano, japonês ou sul-africano, tanto fazia a origem das ideias de Sharp. O que era completamente diferente de ouvir alguém envolvido no cerne da Primavera Árabe dizer que a CIA tinha dado uma mãozinha para a revolução. Se a inteligência americana estava envolvida, e a este ponto, com os hackers, quem garantiria que eles também não poderiam estar sendo usados por ela? Ou até estar em conluio com a CIA? Afinal, a identidade de grande parte dos blogueiros e ativistas era mantida anônima mesmo entre eles.

"E esses hackers também atuaram nas outras revoluções da Primavera Árabe?", alguém do grupo perguntou. "Todas as revoluções estavam conectadas, com exceção do que aconteceu na Líbia. Em todas as outras estávamos envolvidos. No Egito, recebemos sinal verde para apoiar a revolução, na Síria também, mas quando soubemos da Líbia nos perguntamos o que estava acontecendo lá, porque não éramos nós", afirmou ele.

"E o que aconteceu na Síria?", questionou alguém sobre o fato de a onda de protestos ter degringolado para uma guerra civil no país árabe. "Na Síria, a revolução estava mais ou menos no caminho certo. Mas quando a Al Jazeera começou a reportar sobre islamitas lutando, eles deslocaram a revolução e agora nós temos uma guerra. Antes, ninguém estava falando sobre os islamitas", respondeu Slim.

Eu anotava o que ele dizia, mas desde a revelação sobre o papel da CIA na revolução na Tunísia eu sentia minha cabeça a ponto de explodir. Era impossível me concentrar direito porque a informação continuava ecoando no meu cérebro e fazendo toda a narrativa da Primavera Árabe cheirar mal.

De volta à vida real

Do lado de fora da sala perguntei a Rostom, o único participante tunisiano do grupo de intercâmbio, o que ele pensava sobre tudo aquilo que acabáramos de ouvir de Slim. Ele tinha acabado de voltar à Tunísia depois de dois anos fora, completando um mestrado em engenharia em Paris.

Rostom disse que o hacker e outros ativistas on-line tinham se tornado conhecidos no país a partir de 2008, com a onda de protestos pelo fim da censura.

"Na realidade, a revolução começou com bandas e cantores de rap tunisianos no exterior", explicou Rostom. Segundo ele, todo mundo estava frustrado com a situação do país. "Mas foi algo que só a geração mais jovem começou a expressar", completou.

Uma dessas vozes foi a do rapper Hamada Ben Amor, 21, conhecido como "General" na cidade de Sfax, no sul da Tunísia. Em janeiro de 2011, ele divulgou na internet um vídeo com uma música que era um desafio ao "Senhor Presidente" ("Mister President"). Uma declaração simbólica de guerra, que denunciava a corrupção da família presidencial e ridicularizava Ben Ali. O clipe começava

com uma imagem antiga de arquivo do ditador tunisiano
interrogando um estudante amedrontado e seguia:

> Senhor Presidente
> Hoje eu falo em meu nome
> E em nome de todas as pessoas sofrendo
> Ainda há gente morrendo de fome
> Que quer trabalhar para sobreviver
> Mas a voz deles não foi ouvida
> Saia até as ruas e veja
> As pessoas se tornaram animais
> Veja a polícia com bastões takatak
> Ninguém diz a eles para parar
> Em nome da lei ou da Constituição
> Coloque água e beba
> Todo dia eu ouço sobre queixas forjadas
> Apesar dos servidores civis, eu vejo a cobra
> Atingindo as mulheres com véus
> Você aceitaria isso se fosse com sua filha?
>
> Senhor Presidente
> Estas palavras deveriam trazer lágrimas aos seus olhos
> Como a um pai que não quer machucar seus filhos
> Esta é a mensagem de uma das suas crianças
> Que lhe conta sobre seus sofrimentos
> Estamos vivendo como cães
> Metade das pessoas vivendo no meio da sujeira
> E bebendo do copo do desespero
>
> Senhor Presidente
> Seu povo está morto
> Tantos comem do lixo

Olhe para o país
Tanta miséria e não há lugar para dormir
Eu falo em nome do povo
Que está sofrendo sob sua bota
Senhor Presidente
Você me disse para falar sem medo
Mas eu sei que posso ser esbofeteado
Eu vejo muita injustiça
Então, decidi enviar esta mensagem
Mesmo as pessoas tendo me dito que eu seria morto
Mas até quando os tunisianos vão viver em sonhos?
Onde está o direito ao livre discurso? Apenas palavras
Eles dizem que a Tunísia é verde
Mas é só um deserto dividido em dois
Um grande roubo forçado sobre nós
Todos sabem quem eles são
Muito dinheiro foi prometido para projetos
Infraestrutura e escolas e hospitais e prédios e casas
Mas os filhos dos cães engordaram
Eles roubaram, furtaram e sequestraram
Eles se recusaram a deixar a mesa
Eu sei que há muitas palavras no coração do povo
Mas elas não saem por causa dessa injustiça
É por isso que estou jogando elas em você

O "General" foi preso em 6 de janeiro e libertado alguns dias depois, mas já era tarde, o rap tinha contagiado o país. Ao norte, na cidade portuária de Bizerta, o coletivo Sound of Freedom [Som da Liberdade] cantava mais protestos, em músicas com letras irônicas e críticas como "Tunisia is Fine" [A Tunísia vai bem] e "Music of the Revolution" [Música da Revolução].

Com esses músicos, a insatisfação popular com o governo ganhou voz. Mas o histórico de protestos no país era anterior às manifestações de 2010. "Seis meses antes de Boauzizi atear fogo ao próprio corpo, outro homem fez o mesmo e ninguém ficou sabendo", contou Rostom. Segundo ele, a diferença foi o fato de ativistas terem filmado a autoimolação de Bouazizi e divulgado o incidente e os protestos subsequentes na internet.

"Em 2008, um protesto nas minas do sul do país deixou dezenas de mortos e feridos, mas o governo era tão bom em esconder esse tipo de informação que a população do resto da Tunísia jamais ficou sabendo do que tinha acontecido", explicou Rostom.

Tínhamos ido jantar no centro de Túnis e caminhávamos pela praça do relógio, na avenida Bourguiba, um dos principais pontos de protestos durante a revolução. No restaurante, apesar das muitas opções de cuscuz, pedi um brik para experimentar. Era uma massa fina frita parecendo um pastel, com atum e ovo dentro.

A palestra de Slim rendeu debates calorosos à mesa. Albrecht, um teuto-norueguês que era professor em Oslo e pesquisava o uso da internet no mundo árabe, contou que ativistas egípcios admitiram ter se inspirado na revolução tunisiana e até terem trocado várias informações técnicas com blogueiros do país. Sobre como enfrentar arremessos de gás lacrimogêneo e fugir da polícia até técnicas de desbloqueio da internet e de rastreamento e invasão de sites.

Era amplamente sabido também que ativistas da Tunísia e do Egito tinham recebido treinamento em estratégias de não violência na Sérvia (onde Srdja Popovic criara um centro chamado Canvas, após liderar protestos populares que derrubaram o presidente Slobodan Milosevic). Mohammed Adel, um dos fundadores do movimento egípcio 6 de Abril, foi inclusive treinado em Belgrado, por uma semana, durante o verão de 2009.[9]

Dois documentários da rede de televisão Al Jazeera sobre a criação do 6 de Abril, em 2007, também confirmaram esses laços com os ativistas sérvios, mas não mencionaram suas viagens aos Estados Unidos. "Um número significativo de jovens ativistas e blogueiros recebeu treinamento de três ONGs financiadas pelo governo americano: Albert Einstein Institution, Freedom House e International Republican Institute", escreveu Tariq Ramadan, professor de Estudos Islâmicos na Universidade de Oxford, em *The Arab Awakening* (Penguin Books, 2012).

Segundo Ramadan, os princípios e métodos de atuação desses movimentos e dessas organizações seriam idênticos: "Celebrar valores democráticos, mobilizar pessoas de forma não violenta e derrubar regimes sem confronto com a polícia ou o Exército, usando símbolos e slogans para influenciar psicologicamente as massas e explorando o potencial das redes sociais e da internet."

---

[9] Informações divulgadas na conta de Mohammed Adel no site Trustmedia, disponível em: <http://www.trust.org/trustmedia/multimedia/video-and-audio/detail.dot?medialnode=3ieieaoabc95-429f-e00 6faad3342>. Ver também o artigo de Perrine Mouterde. La révolution pacifique serbe, modele pour la jeunesse égyptienne. *Les In Rocks*, 5 mar. 2011. Disponível em: <http://www.lesinrocks.com/actualite/actu-article/t/60772/date/2011-03-05/article/la-revolution-pacifique-serbe-modele-pour-la-jeunesse-egyptienne/>.

Ramadan enfatizou no seu livro que seria um erro negar a origem real e popular da Primavera nas ruas do mundo árabe, mas fez uma ressalva. "Pelo bem da história e do futuro desses movimentos, seria tão inconsistente quanto obtuso não olhar de perto as conexões e o trabalho de preparo do terreno que precedeu as revoltas no Oriente Médio e no norte da África."

Ele cita ainda o envolvimento direto de poderosas organizações americanas na Primavera Árabe. E destaca, por exemplo, o caso do Google, que desde o início dos protestos no Egito liberou para ativistas códigos de acesso à internet por satélite quando o governo bloqueava a rede no país, mas se negou a fazer o mesmo para ativistas sírios.[10]

"Esses fatos e números devem ser sabidos; questões devem ser levantadas com precisão, profundidade e cuidado. Os ativistas mais proeminentes são de fato jovens verdadeiramente apolíticos? Qual a extensão do apoio financeiro de governos e corporações privadas transnacionais que controlam grandes fatias da internet? Que papel as Forças Armadas de cada país tiveram nos bastidores da preparação da Primavera? Como a sua não intervenção pode ser explicada? Mais do que algumas questões cruciais continuam não respondidas, questões que devem ser feitas calma e sistematicamente, longe de interpretações radicais ou teorias da conspiração. Esta é a tarefa que nos aguarda se esperamos construir um

---

[10] Como foi apontado em debate entre ciberativistas na rádio France Inter: <http://www.franceinter.fr/em/comme-on-nous-parle/106013>.

futuro livre das incertezas e revoltas que agora afligem a região", concluiu assertivamente Ramadan.

Na arena política internacional, outros fatores também certamente influenciaram o estopim da Primavera Árabe em 2011 na Tunísia, uma das sociedades árabes mais avançadas e sofisticadas na região do Mediterrâneo. Em 2002, as Nações Unidas divulgaram seu primeiro relatório sobre Desenvolvimento Humano Árabe. O documento concluía que "os países árabes precisavam reconstruir suas sociedades", mas não apresentava indicações ou passos a traçar para o objetivo extremamente amplo. O relatório seguinte da ONU pedia um "despertar árabe" e a "promoção do pensamento crítico livre".

Na prática, porém, desde a independência dos países árabes, a maioria era governada por ditadores e monarquias apoiados por potências ocidentais. A prioridade era a estabilidade regional, sobretudo para os Estados Unidos, que arquitetaram os acordos de paz de seu aliado Israel com o Egito (1979) e com a Jordânia (1994).

Depois do 11 de Setembro, o jogo mudou. E a administração do presidente americano George Bush atacou o Afeganistão e depois o Iraque sob o pretexto fabricado de uma Guerra ao Terror. Como ficou claro anos mais tarde, o terrorista saudita Osama bin Laden acabou morto por tropas americanas no Paquistão (e não no Afeganistão) e o Iraque não possuía armas de destruição em massa, como alegaram os EUA.

"Ao mirar Saddam Hussein, os propagandistas neoconservadores abandonaram a obsessão com a estabilidade e abraçaram sua própria agenda de "democratização": mudanças de regime eram urgentemente necessárias, deveriam vir de fora e pela força. Essa ofensiva de "choque e terror" iria então gerar um efeito dominó fatal para todas as outras ditaduras na região", explicou o francês Jean-Pierre Filiu, professor de Estudos do Oriente Médio na Universidade Sciences Po, em Paris, em seu livro *The Arab Revolution* (Hurst, 2011).

Wafa

"Hoje o governo não se importa com o povo ou com a economia, eles só estão interessados em jogos políticos e em se manterem no poder", disse Wafa. Estávamos comendo shawarmas num restaurante libanês em La Marsa, à beira-mar. Ela tinha levado junto seu namorado, um francês loiro, simpático e tímido que havia morado antes na Colômbia. Foi Wafa quem me deu por e-mail as primeiras e mais preciosas dicas sobre a Tunísia quando comecei a planejar minha viagem. Tínhamos uma amiga americana em comum, que nos apresentou virtualmente.

Wafa era morena jambo, de cabelos cacheados e olhos pequenos escuros. Magra, costumava usar peças vermelhas ou com estampas coloridas e diferentes. Era bonita, gostava de dançar e parecia que conhecia todo mundo em Túnis, muito bem relacionada.

"Agora a polícia para o táxi em que você está e pergunta se você bebeu, por que está vestida assim, por que não usa o hijab. É um absurdo! Isso é minha vida privada, não diz respeito a eles. Antes, as mulheres com véus é que eram hostilizadas nas ruas", contou ela.

Perguntei a ela sobre o fator externo. Era a pergunta de 1 milhão de dólares que não saía da minha cabeça desde a conversa com o hacker Slim, alguns dias antes. Até que ponto a Revolução de Jasmim (que era o berço de todas as outras) era legítima, era tunisiana, e não produto de forças alheias (principalmente pelo fato de a internet proporcionar aproximação entre pessoas do mundo todo)?

Wafa pensava que a revolução tinha sido espontânea na Tunísia, apesar de ter contado com elementos estrangeiros e de a internet ter tido um papel crucial no processo todo. "As pessoas criam coragem quando veem outras falando ou expressando o que pensam. Lembro perfeitamente de quando começamos a ver no Facebook pessoas lá no Egito apoiando nossa revolução, empunhando bandeiras da Tunísia e dizendo que estávamos agindo certo, que estávamos sendo fonte de inspiração para eles. E isso durante a nossa revolução, quando a deles nem tinha começado ainda. Era uma alegria enorme, o apoio dava forças, nos incentivava também", contou ela sobre os bastidores da Revolução de Jasmim dois anos antes.

Porém, de um "curtir" no Facebook a ir às ruas protestar havia uma longa distância. "Desde 2008, com os protestos abafados dos mineiros em Gafsa e com o avanço dos computadores e da internet no país, tudo mudou. O governo criou programas para distribuir computadores, depois houve uma série de protestos nas ruas contra a censura", explicou Wafa. Ela se referia a um histórico recente (e anterior à queda de Ben Ali) de protestos violentamente reprimidos pelo governo, que na Tunísia eram vistos como os antecessores da Revolução de Jasmim. Mais tarde, eu visitaria Gafsa para conversar mais com ativistas sobre tudo isso.

"Com certeza, organizações estrangeiras, principalmente americanas, também ajudaram fornecendo treinamento e equipamentos para blogueiros e ativistas. Isso é um fato, bem sabido por todo mundo na Tunísia envolvido com a revolução", afirmou ela.

Eu não tinha tanta certeza assim de que isso tudo era plenamente sabido do lado de fora da Tunísia. E nas devidas proporções. A conexão estreita entre os ativistas on-line era uma coisa, outra eram treinamentos e equipamentos fornecidos pela CIA ou por outros serviços de inteligência estrangeiros à revolução na Tunísia.

"Depois continuamos acompanhando a revolução no Egito e apoiando on-line. Mas, no caso da Síria, já foi tudo diferente. A revolução lá começou islamita. Depois de terem visto os islamitas tomarem a liderança política aqui na Tunísia e no Egito foi que os sírios resolveram protestar. Eles queriam um Estado islâmico, por isso há hoje uma guerra civil lá. Porque metade da população quer isso e a outra não. É essa a motivação por trás da busca pela queda de Bashar Assad. Mas acho melhor ele do que os islamitas, e olha que sou contra ele", explicou Wafa.

Segundo ela, havia suspeitas de que o governista Ennahda estaria emitindo passaportes para islamistas tunisianos serem enviados para lutar na guerra síria. Mais tarde, de volta ao Brasil, ainda li uma reportagem questionável no site do *Al Arabya* sobre jovens muçulmanas da Tunísia que estariam sendo enviadas (com apoio dos pais e financiadas por grupos radicais) à Síria para casar com militantes islamistas e "contribuir para sua vitória e a construção de um Estado islâmico" na Síria. O texto citava poucas fontes, algumas anônimas, e parecia se basear mais em suspeitas do que em fatos.

No berço do berço da Primavera

A pequena Sidi Bouzid foi o berço da Primavera Árabe. Localizada no centro rural do país, a cidade, de quase 40 mil habitantes, não tem um prédio com mais de três andares, é cercada por plantações de oliveiras, terra plana e seca. Lá Mohamed Bouazizi se imolou, em 17 de dezembro de 2010. Vendedor ambulante de frutas, vinte e seis anos, ele ateou fogo ao próprio corpo após ser espancado e ter sua carroça confiscada pela polícia. Milhares saíram às ruas da cidade protestando em solidariedade e, em semanas, os protestos se espalharam pelo país.

Dois anos depois, Sidi Bouzid seguia em compasso de espera, como promessa de cidade do futuro da Tunísia. Ganhou um monumento em homenagem a Mohamed Bouazizi. Ficou famosa no mundo todo, foi parar na Wikipedia, ganhou milhões de cliques no Google e só. É visitada pontualmente por jornalistas, pesquisadores e curiosos estrangeiros.

No segundo aniversário do início da revolução em dezembro de 2012, o presidente da Tunísia, Moncef Marzuki, foi atacado a pedradas quando discursava num ato solene em Sidi Bouzid.

"Há muitas promessas de projetos de ONGs internacionais, da União Europeia, do governo. Mas ainda não vimos nenhuma melhoria real ou mudança na situação da cidade", afirmou Hichem Daly, presidente da associação Karama. Fundada após a revolução, a ONG local promove o desenvolvimento da região e o empreendedorismo entre os jovens.

O governador da cidade, porém, lista a construção de quatro escolas, investimentos de 2 milhões de dinares tunisianos (cerca de R$ 2,63 milhões) para eletricidade em áreas rurais e de 150 milhões de dinares (R$ 197 milhões) para a melhoria de estradas. Tudo ainda no papel.

"O desenvolvimento de um projeto leva em média cinco anos, não é algo que acontece em um ano", afirma Amara Tlijani. Formado em economia, ele tomou posse em outubro do ano passado depois que o governador anterior foi acusado de corrupção pela população e deposto após uma onda de protestos.

Na prática, os projetos que serão financiados pelo governo e pela iniciativa privada estão emperrados em meio à burocracia e ao novo jogo político democrático. A situação política instável no país também deixa os investidores estrangeiros cautelosos, o que se traduz em redução e bloqueios de recursos. O ciclo se repete no âmbito nacional.

"Os grupos da sociedade civil da cidade não têm experiência ou maturidade política para liderar muitos dos projetos", afirmou Tlijani.

Os ativistas rebatem pedindo mais transparência do governo e medidas eficazes contra a pobreza. "Uma das principais causas da revolução foi justamente a pobreza. A maior parte da riqueza do país está concentrada na costa. A revolução só teve sucesso porque a região toda vivia a mesma situação. Mas nada mudou aqui ainda e a frustração é grande, principalmente entre os jovens", disse Ramzi Abdauli, 22, ativista de direitos humanos e morador da cidade.

* * *

Um velho magro de óculos com aro grosso preto e cara de tartaruga caminhava por uma rua dali sem asfalto.
— *Pasárgada é aqui?* — *perguntou parecendo confuso.*
— *Não. Ficava na Pérsia, onde hoje é o Irã. Mas não existe mais* — *respondi.*
— *Não importa* — *ele respondeu resoluto.* — *Vou-me embora para Pasárgada. Lá sou amigo do rei, lá tenho a mulher que eu quero na cama que escolherei.*
Alusão ou ilusão, não restava dúvida, era o poeta Manuel Bandeira. Bem que eu tinha desconfiado de que Sidi Bouzid podia estar no Brasil, e não na Tunísia. Desigualdades, injustiças, corrupção, pobreza, fome, seca. Cotidiano semelhante o dos dois lugares, separados por um oceano. Se não fosse trágico, seria aquilo tudo um poema-piada.
Bandeira concordava, como se lesse meus pensamentos. Estendeu-me um jornal que trazia debaixo do braço. Era antigo, de muito antes da revolução na Tunísia. Apontou o texto do canto direito da página 12. Notícia ou premonição,

era difícil dizer. Estava escrito assim, em um árabe bem próximo do português:

Yousef Sahtein, carregador de feira-livre e morador de um barracão sem número no bairro da Babilônia, foi encontrado morto nesta segunda-feira. Sahtein se atirou na lagoa Habib Bourguiba e morreu afogado, depois de ter sua licença de feirante suspensa e seus produtos apreendidos pela polícia. As autoridades alegam irregularidades, mas a esposa do ambulante, Khadija, diz que ele não conseguiu dinheiro naquele mês para pagar a propina dos policiais. Yousef deixou uma viúva e sete filhos.

* * *

De Sidi Bouzid partimos de ônibus para Gafsa, uma cidade no sul da Tunísia que é o centro da mineração no país. Com cerca de 84 mil habitantes, abriga as maiores minas de fosfato do mundo.

Poluída e pobre, Gafsa é uma cidade industrial em meio à aridez do sul da Tunísia. Quem não vive do fosfato, planta e colhe azeitonas. Turismo quase não há ali. Grafites de Che e frases revolucionárias estão estampados nos muros. No horizonte, enfileira-se uma cadeia de montanhas espetacular. Com palmeiras raras e terra marrom, é de uma beleza rústica.

Gafsa é reconhecida na Tunísia por sua importância econômica, histórica e política. A cidade foi bombardeada durante a Segunda Guerra Mundial pelo Exército alemão e italiano. Em 1980, um grupo de trezentos tunisianos expatriados veio da Líbia armado e ocupou a cidade. A intenção deles era inspirar o povo da cidade a se rebelar contra o regime do então presidente Habib Bourguiba. Mas o governo, alerta para a tentativa de golpe de Estado, enviou tropas a Gafsa e o confronto deixou 48 mortos e centenas de feridos. Alguns meses depois, treze rebeldes sobreviventes foram enforcados.

Mais tarde, deram à intentona o nome de "incidente de Gafsa". A cidade foi escolhida pelos rebeldes por causa da grande insatisfação da população com o governo. Apesar de enriquecer a economia do país desde as descobertas das minas de fosfato ali em 1886, a região não fora beneficiada pelo governo central baseado em Túnis até os anos 1980. Vinte e oito anos depois, pouco mudaria. E, em janeiro de 2008, Gafsa foi o palco do primeiro protesto popular contra o regime do presidente Ben Ali. Apesar de ter sido duramente reprimido pelo governo, o movimento é considerado a semente original da Revolução de Jasmim, que mais tarde derrubaria o ditador tunisiano.

Novamente, a situação socioeconômica da região foi o principal motivo por trás das manifestações. Centrada na exploração de fosfato, a área tinha como maior empregador a estatal Gafsa Phospate Company (GPC). Na década de 1980, a empresa iniciou um plano de modernização — fechando as minas subterrâneas em prol das minas a céu aberto — que levou a uma redução de 75% de pessoal, de 14 mil empregados, em 1980, para 5.853, em 2006.

Um ano depois, a taxa oficial de desemprego nas principais cidades da bacia da mineração variava de 26,7% a 38,5%.

Em contraste gritante, o preço do fosfato disparava e, no primeiro trimestre de 2008, era 125% maior do que no mesmo período de 2007. Como o fosfato era sobretudo vendido para fora do país, essa alta também levou as exportações a saltarem de 858 milhões de dinares tunisianos, em 2005, para 1,261 bilhão de dinares em 2007, e 781 milhões no primeiro trimestre de 2008.

Enquanto isso, para piorar o sentimento geral da população de "ter sido deixada para trás" pelo governo central, os investimentos privados continuaram insignificantes e o Estado não fez nenhum plano de desenvolvimento para diversificar a economia da região e desenvolver infraestrutura pública ali.

Além dos desempregados, juntaram-se às mobilizações grupos de universitários, estudantes e familiares dos mineiros que trabalhavam nas minas de fosfato e tinham sido vítimas de acidentes de trabalho. Segundo Eric Gobe, sociólogo e pesquisador do Centre National de la Recherche Scientifique (CNRS) que estudou a revolta, o movimento durou pouco mais de seis meses. Os protestos começaram em 5 de janeiro em Redeyef e rapidamente se espalharam para outras cidades mineradoras do entorno. O estopim havia sido o anúncio do resultado de um concurso feito pela GPC para a contratação de 380 funcionários. Alguns dos desempregados preteridos (entre eles estudantes também) acusaram o líder local do sindicato (Union Générale Tunisienne du Travail, UGTT), Amara Abbassi, de privilegiar familiares e amigos em vez de apontar os candidatos mais necessitados ou preparados

Os manifestantes fizeram protestos, greves de fome e ocupações de locais públicos. Também montaram tendas em lugares estratégicos para atrasar a produção, em áreas de extração de fosfato, como ao longo das trilhas dos trens para impedir os carregamentos. Ao mesmo tempo, estudantes organizados desmantelavam centenas de metros de trilho de ferrovias, que ligavam M'dhila a Moularès.

Os protestos às vezes se tornaram violentos com estudantes e jovens atacando policiais e representantes das autoridades. Outros bloquearam as principais estradas em torno das cidades, com pneus incendiados. "As demandas feitas por várias pessoas envolvidas nos protestos tratavam do combate ao desemprego e à precariedade. De certa forma, pode-se dizer que os participantes das várias mobilizações demandavam ou serem contratados ou terem emprego permanente em postos públicos", explicou Gobe.

A onda de protestos foi fortemente reprimida pelo Exército e pela polícia. Os líderes do movimento foram presos e, em dezembro, sete das figuras mais emblemáticas foram duramente condenadas pelo governo de Ben Ali a dez anos de prisão.

"No entanto, dentro do contexto autoritário da Tunísia, os protestos de Gafsa mostraram, de um lado, que alguns segmentos significativos da população tunisiana eram capazes de expressar publicamente sua oposição a algo; e, por outro, mostraram os limites do chamado 'milagre econômico' da Tunísia, que foi incapaz de reduzir a disparidade regional entre o sul pobre do país e o economicamente dinâmico Sahel. A revolta de Gafsa também revela a fragilidade do 'patrocínio da redistribuição' em uma região onde há poucos recursos para serem distribuídos, especialmente empregos", explicou Gobe.

* * *

Mas o que havia mudado em Gafsa dois anos depois da revolução? Era atrás desta resposta que eu estava. Foi triste ouvir o parecer do presidente regional da Liga de Direitos Humanos da Tunísia, Abd Rahmeme Rachid: "Antes da Primavera Árabe, enfrentávamos grandes desafios em todos os setores (social, econômico, político). Em 2003, o trabalho da liga foi suspenso e se tornou limitado em algumas regiões. Apesar de todos esses problemas, conseguíamos interferir nas questões de direitos humanos. Mas, depois da revolução, percebemos que a Tunísia ainda precisa do nosso trabalho", afirmou Rachid. Ao contrário do que ele esperava, o país não abraçou os direitos humanos.

"Pensamos que seria diferente depois da revolução, porque a Primavera era sobre dignidade e direitos humanos. Mas nada mudou", afirmou Rachid. Como exemplo, ele citou casos de excesso de uso de força por policiais do governo pós-revolução para conter um protesto em uma pequena vila perto de Sidı Bouzid. Isolada, a área não tem transporte público e as crianças que moram ali caminham todo dia 7 quilômetros até a escola mais próxima.

A manifestação pedia o combate à corrupção, teve um político refém e acabou em dura repressão policial. "A polícia invadiu a casa de alguns manifestantes, espancou pessoas, fez prisões irregulares. As forças de segurança deveriam respeitar os direitos humanos numa democracia, mas vi atrocidades que nunca aconteceram nem durante as lutas contra a colonização francesa. E violações como essas estão acontecendo não só aqui, mas no país todo", contou.

Segundo Rachid, o diálogo com o governo foi suspenso depois que a Liga teve negados dois pedidos de reunião com as autoridades locais. "Esperávamos que a Primavera Árabe fosse resultar em um governo que respeitasse os direitos humanos, mas parece que o atual governo é igual ao anterior [Ben Ali]. Só querem controlar o país, se manter no poder e rejeitam qualquer voz contra sua agenda política", afirmou. Segundo ele, o Ennahda criou suas próprias instituições pró-direitos humanos, para tentar marginalizar a Liga. "Antes, o Ennahda apoiava a Liga, mas agora diz que a Liga é de esquerda. Agora somos alvo do Ennahda, fomos traídos", afirmou.

E a situação de respeito aos direitos humanos é a mesma, segundo ele. "Às vezes até mais perigosa porque agora há mais protestos e os confrontos não são mais entre o povo e a polícia, o confronto acontece entre diferentes grupos", disse Rachid. Ele citou o exemplo de um protesto que tinha acontecido em dezembro de 2012: eram setenta pessoas protestando por melhorias econômicas, em frente ao palácio do governo em Gafsa. De repente, um grupo de quase mil partidários do governo apareceu para nos enfrentar. Se a polícia não tivesse interferido, teria acabado em violência. E o governador saudou os manifestantes pró-governo; havia alguma coordenação entre o governo e essas pessoas. Tentamos intervir quando violações acontecem; se um partido político está por trás disso, temos de divulgar uma nota pública. Mas não há mais diálogo com o governo, pedimos duas vezes para ser ouvidos, nos reunirmos com eles, mas eles negaram. Nossa contraparte mais importante na sociedade se recusa a se comunicar conosco", explicou ele alarmado.

Mas não seria essa realidade específica de Gafsa ou da região? "O que está acontecendo aqui está acontecendo em toda a Tunísia. Por exemplo, em outra região do país, há um cidadão em greve de fome, em protesto por ter sido preso sem julgamento. Ninguém da Liga tem o direito de visitá-lo. Então, um dos nossos membros (um médico) o visitou, enganou as autoridades e fez a visita parecer uma consulta médica. Conseguiu escrever um relatório para nós."

Pé na estrada

No dia seguinte de manhã, dei adeus ao grupo do intercâmbio. Eles seguiriam para mais palestras e reuniões em Sfax, uma cidade industrial na costa da Tunísia, e eu iria rumar para a fronteira com a Líbia.

Meu plano era visitar o campo de refugiados de Shousha. Para isso, eu tinha que sair cedinho de Gafsa e chegar a Zarzis antes de escurecer. Eram duas horas de estrada até Gabes, uma cidade no meio do caminho, e, de lá para o destino final, mais duas ou três horas de viagem, dependendo do estado das estradas, do trânsito e das batidas da polícia.

Como eu não estava de carro próprio ou alugado, me restavam duas opções: ir de táxi compartilhado, ônibus rodoviário ou "louage". As duas últimas alternativas eram mais seguras e as preferidas da população local, mas os ônibus eram mais raros e demorados.

Optei pelos "louages", que também eram mais baratos, apesar de menos confortáveis. Eram vans brancas em que, geralmente, cabiam oito passageiros. No mesmo esquema que acontecia na maior parte dos países africanos sem infraestrutura de transporte, não havia cronograma de partida ou chegada. O carro partia da estação quando estivesse cheio. Cada van tinha o destino final escrito numa placa no vidro da frente, o bilhete de passagem era comprado antes do embarque, numa cabine ali perto. Depois, era só entrar no carro e ficar lá sentada esperando. O sistema parece surreal e lento, mas na prática nunca esperei mais do que trinta minutos para a partida de um "louage" cheio.

Os que faziam trajeto entre cidades tinham uma listra vermelha, os regionais possuíam listra azul e os que percorriam áreas rurais tinham faixas amarelas. Tudo incrivelmente organizado e eficiente, independentemente de a estação ser na capital Túnis ou em algum fim de mundo nos confins do país. A maior parte das vans que vi também era bem-conservada e relativamente limpa.

Outra vantagem dessa opção de transporte era a proximidade com a população local. Andando de "louage" pela Tunísia adentro vi tuaregues (os guerreiros nômades do oeste da África que usam véus sob a cabeça) comprando passagens, conheci um motorista poliglota que falava com perfeição francês, árabe, inglês, italiano e português, outro que trocava a estação do rádio para música árabe toda vez que Adele ou Rihanna tentavam começar a cantar; conversei com uma menina de 14 anos sobre o pedido de casamento que ela acabara de receber; na beira das estradas, vi famílias estendendo um pano embaixo de oliveiras enquanto alguém subia numa escada para iniciar a colheita de azeitonas; em algum ponto da jornada um camelo amarelo cruzou o caminho (seria sinal de boa sorte ou uma miragem?, lembro de ter me perguntado), paisagens insólitas planas e bege pareciam infinitas no horizonte; no espelho retrovisor de uma das vans, havia santinhos cristãos e trechos do Corão misturados a um olho grego e à foto de uma criança fofa.

Viajar de "louage" me revelou muito sobre a Tunísia. E me ajudou a chegar a Zarzis antes de escurecer, como planejado.

Os refugiados que não eram líbios

Zarzis era uma pequena cidade costeira, famosa pelos resorts que em outros tempos estariam cheios de turistas europeus. A região era tradicionalmente frequentada por franceses no verão. Mas no início de 2013 estava vazia. Por causa do inverno e da instabilidade política no país, que espantava os estrangeiros.

Eu tinha ido até ali para visitar o campo de refugiados de Shousha, na fronteira com a Líbia, a menos de 30 quilômetros de distância. Há mais de uma semana, estava em contato com o escritório local da Acnur para organizar a visita. Embora o campo não fosse fechado, a agência era responsável pelo local, que abrigava refugiados africanos.

Eram 1.357 moradores (1.145 refugiados e solicitantes de refúgio, mais 212 classificados como migrantes) de treze países diferentes. Os maiores grupos vinham da Somália, do Sudão, da Eritreia, da Etiópia e do Chade.

Nenhum líbio, como eu descobrira antes, para minha surpresa, ao conversar em Túnis com Tahar Cheniti, secretário-geral do Crescente Vermelho Tunisiano, a Cruz Vermelha nacional do país. Durante a Revolução de Jasmim e depois durante a Primavera Árabe na Líbia, houve ondas de entrada de líbios na Tunísia pela fronteira. Mas, como os dois países mantinham laços estreitos, dois anos depois essa população de refugiados já havia retornado espontaneamente à Líbia.

"Em junho de 2011, recebemos na Tunísia famílias líbias que fugiam do país temendo por suas vidas em meio aos protestos que mais tarde viraram um confronto armado para derrubar o ditador Gaddafi", explicou Cheniti.

Segundo ele, havia muitas famílias líbico-tunisianas. "Estávamos ajudando as famílias tunisianas a receber os líbios. Mas apenas 2% dos líbios estavam em campos na época, o restante estava abrigado com parentes e amigos tunisianos. Houve uma grande solidariedade da sociedade tunisiana para com os refugiados líbios; levantamos doações imensas de roupas e alimentos", contou ele.

Em 2013, restavam na Tunísia apenas os líbios que eram pró-Gaddafi e não voltaram à sua terra natal por medo de represálias. E a Acnur fazia planos de fechar Shousha até junho.

O campo chegara a abrigar quase 20 mil pessoas no pico de lotação da Primavera Árabe, metade bangladeshianos que trabalhavam na Líbia irregularmente.

Em dois anos, esse grupo, ao lado de tailandeses, chineses e senegaleses, retornou a seus países de origem, bancado por um esquema de voos de repatriação patrocinado pela Organização Internacional de Migração (OIM).

Sobraram os refugiados africanos, que continuavam sem solução definida dois anos depois da onda de entrada de refugiados na Tunísia. Cerca de 890 refugiados remanescentes tinham sido aceitos para reassentamento em

14 países (liderados pelos EUA e pela Noruega), mas não tinham data prevista de partida de Shousha. O grupo de nações acolhedoras fazia parte da Global Resettlement Solidarity Initiative, lançada em 2011 pela ONU para promover o reassentamento.

No entanto, cerca de quatrocentos refugiados do campo não foram aceitos por nenhum país e continuavam num limbo em meio à incerteza jurídica e à insegurança.

"Alguns dos mercenários de Gaddafi, por exemplo, não foram aceitos por ninguém", disse Cheniti. Como alternativa, a Acnur negociava a integração desses refugiados à Tunísia, enquanto muitos planejavam tentar cruzar o Mediterrâneo para fugir para a Europa.

"Recebemos uma grande doação do governo alemão para assistir o assentamento local na Tunísia desses quatrocentos refugiados", afirmou Elizabeth Eyster, representante da Acnur em Túnis. Primeiro, eles iriam receber ajuda financeira para se mudar e alugar apartamentos em áreas urbanas, depois teriam acesso a treinamentos vocacionais e microcrédito para abrir negócios próprios.

O status legal desses quatrocentos refugiados, porém, continuaria incerto. Eles não poderiam ter emprego formal ou receber benefícios do governo.

O desemprego já era um grande problema nacional entre os próprios tunisianos, o que tornava ainda mais delicada a situação dos refugiados. Outro fator complicador era a falta de um sistema nacional de refúgio na Tunísia (também ausente em todos os países do norte da África) para assegurar direitos.

"Nosso maior desafio é o status legal agora. O rascunho de uma nova lei de refúgio foi feito, mas é preciso vontade política para que essa legislação seja aprovada e implementada", disse Eyster.

O novo governo tunisiano, eleito em dezembro de 2011, estava redigindo a nova Constituição, mas apenas em janeiro de 2013 anunciou eleições presidenciais e parlamentares para junho de 2013, após dois adiamentos.

Desde que fora montado em março de 2011, o campo registrou protestos violentos dos residentes. Primeiro, foram manifestações contra a condição de vida precária no local e depois pela demora no processo de reassentamento.

Shousha estava localizado a menos de 5 quilômetros da fronteira líbia. A cidade mais próxima era a pequena Ben Gardeme, que ficava entre Zarzis e o território líbio. Por ali passava grande parte dos produtos tunisianos contrabandeados para a Líbia. Em virtude da prolongada situação de insegurança na Líbia, o país sofria de escassez de itens básicos, como leite, por exemplo, e a entrada de produtos da Tunísia estava em alta.

Alguns refugiados também haviam se envolvido no contrabando e dois chegaram a ser presos, segundo fontes da Acnur. E de tempos em tempos as autoridades tunisianas ou líbias fechavam a fronteira para conter o comércio irregular. Em resposta, a população local, que vivia dessa troca, fazia protestos. A região, portanto, continuava extremamente volátil mesmo passados dois anos da Primavera Árabe na Tunísia e na Líbia.

Quando tentei visitar o campo em 11 de janeiro de 2013, a única estrada de Zarzis para Ben Gardeme estava bloqueada. O pessoal da Acnur havia me alertado para esse risco, mas eu decidira tentar a sorte. O Exército tinha sido enviado à cidade, após uma nova onda de protestos por conta do fechamento da fronteira. A contenda se estendia por quase uma semana. Por mais de cinco dias a Acnur não vinha ao campo e apenas equipes médicas conseguiam ter sua entrada autorizada.

Um amigo meu, pesquisador francês que tinha visitado o campo no final do ano anterior, me contara que os refugiados estavam vivendo em situação precária e lidando com condições climáticas difíceis. "A segurança é terrível, os refugiados não estão felizes", me disse em Túnis um jovem do Chade que tinha vivido no campo.

Eu já tinha visto este filme antes. Infelizmente, muitas vezes, sobretudo na África. Apesar de as agências internacionais tentarem mitigar a situação sempre difícil dos refugiados pelo mundo (e a Acnur ser uma das organizações mais respeitadas do mundo na área), era comum que os campos de refugiados fossem mantidos em locais distantes dos grandes centros urbanos e de difícil acesso, por exemplo, para jornalistas. A decisão de onde instalar um campo dentro de um país também dependia sempre do governo local, que tinha invariavelmente pouco interesse em ser esquadrinhado pela imprensa ou pelas ONGs de defesa dos refugiados.

* * *

Se a situação dos refugiados líbios era um desafio para a Tunísia, o outro grande elefante eram os migrantes em busca do "sonho europeu". Localizado perto da costa da Itália, o país árabe tinha se tornado, nas últimas décadas, uma das principais portas de saída da África para a Europa.

E para muitos dos refugiados de Shousha que não tinham sido reassentados também era esta a última esperança: cruzar o mar Mediterrâneo. Irregularmente, em pequenos barcos abarrotados de migrantes geralmente em situação precária e correndo risco de morte.

"Meu destino era a Europa. Pensei que estava na Itália quando cheguei à Tunísia", me contou Rahel, uma refugiada da Eritreia que morava perto do Shousha em Zarzis. Ela foi reconhecida como refugiada pela Acnur da Tunísia, mas não queria continuar no país. Tinha vindo da Líbia com uma filha de cinco anos a tiracolo e deixara o marido doente e os outros dois filhos para trás. "Era impossível trazê-los junto no barco, muito arriscado, e não tínhamos dinheiro para pagar a travessia de todos", completou.

Rahel tinha 32 anos, mas aparentava mais de 50. Morena, a pele do rosto manchada pelo sol, gorda, usava um véu roxo e preto sobre os cabelos enrolados. Para chegar à Tunísia, tinha partido do Sudão numa trajetória homérica. Atravessou o deserto do Saara com a família para chegar à Líbia, onde moraram por três meses. De lá, pegou uma balsa para a Tunísia; foram dois dias no mar sem comida alguma ou água.

"Estou achando difícil encontrar emprego aqui. As pessoas não são ruins, mas eu quero continuar minha jornada para a Europa. Quero fazer mais dinheiro, ter uma vida melhor e trazer meus outros filhos para ficar comigo também", ela explicou.

Um plano para concretizar o sonho, porém, lhe escapava. Ou ela preferia não dividi-lo com uma jornalista que acabara de conhecer no meio de uma entrevista arranjada pela Acnur. "Não tenho um plano de verdade, não tenho um emprego lá. Mas amigos que moram na Europa têm empregos e me disseram que a vida é boa. Aqui estou sempre preocupada com o futuro dos meus filhos. Do barco em que Rahel estava com 154 pessoas, cinquenta pediram refúgio e 35 eritreus receberam o status. Eles foram resgatados à deriva em alto-mar, depois que o motor do barco em que estavam parou. O atravessador (responsável por organizar a viagem) tinha ficado com os documentos de todos os náufragos e não estava no barco quando a guarda costeira chegou ao local.

Os refugiados foram abrigados, inicialmente, em Zarzis, e depois deslocados para Medenine. "Não queríamos levá-los para Shousha, porque lá era um campo de trânsito, um local construído para ser temporário, e não permanente", disse Mathilde Tiberghien, oficial de proteção da Acnur em Zarzis.

A chegada irregular de embarcações cheias de migrantes à costa da Tunísia cresceu exponencialmente nos últimos anos. Um dos principais motivos foi justamente a Primavera Árabe, que trouxe instabilidade e conflitos à região.

"Esse é um desafio enorme. Estamos acertando uma parceria com o Crescente Vermelho da Tunísia para criar um centro de acolhimento e registro de pessoas que entram na Tunísia", completou Tiberghien.

Breve Retorno

Líbano

De volta ao Líbano da Tunísia, me lembrei de como era bom estar em Beirute. Quase o Brasil. Ficaria ali uma semana antes de partir para o Egito, queria rever os amigos e Issa.

No albergue, conheci Chery — este era um apelido ou uma versão pronunciável do nome dela em mandarim. Estávamos dividindo um quarto de dois beliches com outras duas meninas. Ela era uma chinesa de 31 anos viajando pelo mundo sozinha. Cansou do trabalho como vendedora de imóveis, juntou as economias da vida inteira e foi viajar pelo mundo por um ano. "Estava entediada e cansada de tudo aquilo", contou. Eu disse a ela que era jornalista e adorava meu trabalho e as viagens, mas que a instabilidade da vida de freelancer era difícil. "Todo mundo tem um trabalho difícil, mas nem todo mundo trabalha fazendo o que gosta. Isso é raro", disse Chery. Ela estava certa e eu ainda pensaria sobre isso por muito tempo depois daquela nossa conversa.

No dia seguinte, Chery partiria para a Jordânia, e de lá para o Egito. Depois África do Sul e quem sabe México ou Cuba. "Não quero voltar para a China, vou me mudar e trabalhar em algum outro país, só não sei qual, ainda não decidi. Depois que terminar minha volta pelo mundo, decido", disse ela convicta. Antes, Chery esteve viajando pela Ásia e ficou três meses na Índia. Gostou bastante de lá. "Principalmente da comida, há muita variedade, diferente da comida daqui, que é sempre pão com alguma coisa", explicou em referência aos shawarmas, os populares sanduíches árabes que são vendidos nos quatro cantos do Líbano. "O segredo para comer comida na rua e não passar mal é ir nos lugares mais cheios, se as pessoas estão comendo lá e gostam é porque é bom, não tem erro", ensinou ela, admitindo depois que o fato de ser chinesa também deveria ajudar contra as intoxicações alimentares. Na China, dizem que tudo o que se mexe pode ser comido e os padrões de higiene, em geral, são sofríveis.

Na China, Chery vivia com os pais. "Saí de lá também porque minha mãe estava sempre me pressionando. Sempre perguntando por que não caso, por que não tenho filhos e sossego", contou. A maioria dos amigos dela estava casando ou tendo filhos. "Está ficando cada vez mais difícil eu me identificar com eles. Não quero casar, não quero ter filhos. Quero um companheiro, sim, mas não precisamos casar. Não gosto de criança, mas minha mãe não entende. Ela não aprovou minha viagem", disse Chery suspirando. A mãe de Chery tinha mais de 60 anos e ajudava a criar um neto pequeno, filho do irmão de Chery. "Ela está ficando velha e cansada, coitada. Não quero isso para mim", emendou.

"Quando conto para as pessoas que tenho 30 anos e estou viajando, algumas perguntam por que e sentem pena por eu estar sozinha, por não ser casada. Mas só perguntam isso para as mulheres, é impressionante. Se o homem for solteiro aos 40 anos tudo bem, porque ainda pode casar com mulheres mais jovens. Mas a mesma coisa não acontece com as mulheres. Envelhecer significa perder tudo. Só perder. As pessoas ficam tentando disfarçar, dizendo coisas boas sobre a idade, que a gente fica mais sábio, tudo bobagem. É porque todo mundo tem medo de encarar a realidade. Envelhecer é duro, você perde tudo e a solidão é enorme. Eu tenho medo de envelhecer", disse Chery de um fôlego só. Ela desabafava na cama de cima do beliche ao lado do meu.

Eu queria poder ter acompanhado o resto da viagem dela pelo Facebook, mas a rede social é proibida na China. Chery poderia ter criado um perfil no site depois que saiu do país, mas passou a acessar a rede apenas pelo celular desde que colocou o pé no mundo. Sugeri que ela fosse para o Brasil, se o plano de viagem a Cuba não desse certo. Ela sabia o nome do Brasil em chinês ("*Bāxī*", em mandarim) e ficava repetindo para ter certeza de que estávamos falando do mesmo lugar. "Entre a Argentina e o México, não é?! É em Jerusalém que tem uma estátua gigante do Cristo, não é?!", ela perguntou. Eu, rindo da geografia tresloucada dela, respondi explicando que a estátua do Cristo Redentor fica no Rio de Janeiro. Contei a ela mais um pouco sobre o Brasil e adormeci. Caí no sono antes de dizer adeus a Chery, e quando acordei no dia seguinte, ela já tinha partido. Fiquei triste pela despedida que não existiu, mas também feliz por Chery e sua aventura.

Era bom estar de volta a um albergue, onde o vaivém é constante. De certa forma, como na vida. E eu, que nem sou fã da Maria Rita (mas sim da mãe dela), me peguei assoviando aquela música do Milton Nascimento e do Fernando Brant que ela canta, "Encontros e despedidas":

Todos os dias é um vai e vem
A vida se repete na estação
Tem gente que chega pra ficar
Tem gente que vai pra nunca mais
Tem gente que vem e quer voltar
Tem gente que vai e quer ficar
Tem gente que veio só olhar
Tem gente a sorrir e a chorar
E assim, chegar e partir
São só dois lados da mesma viagem

* * *

"Todo mundo tem um trabalho difícil, mas nem todo mundo trabalha fazendo o que gosta", tinha dito Chery. Tentei manter isso em mente na semana seguinte. Dois veículos para os quais eu tinha escrito reportagens não me pagaram no prazo combinado. Cada matéria, em média, rendia cerca de 250 dólares, pagos geralmente um mês depois de entregue o texto. Cada reportagem custava ao menos uma semana de trabalho de pesquisa e apuração. O aluguel num apartamento dividido em Beirute saía no mínimo por 500 dólares. Matar um leão por dia era cansativo.

A falta de apoio e investimento das redações nos profissionais freelancers e jornalistas no terreno era desanimadora, para dizer o mínimo. Profissionais superqualificados (como uma amiga queniano-canadense que tinha feito mestrado na City University, em Londres, era fluente em francês e inglês, tinha experiência em cobertura de conflitos no Congo e na Líbia e era uma excelente jornalista) tinham dificuldade de conseguir emprego na imprensa internacional.

Trabalho havia, empregos é que estavam em extinção no ramo. O cenário para a imprensa no mundo era desolador. Entre a rotina anencéfala do "copiar e colar" da redação (com um salário de fome no fim do mês) e o trabalho duro, empolgante e desafiador no campo, a maioria dos jovens estava desistindo do jornalismo. Migravam para o direito, diplomacia, economia, história ou, no Brasil, apelavam aos concursos públicos.

A minha decisão, em 2012, de viajar e escrever este livro também foi em grande parte motivada por essa crise da imprensa no Brasil. Particularmente, apesar de gostar bastante de trabalhar em redação e de ter aprendido quase tudo o que sei sobre jornalismo em grandes veículos, eu não via mais perspectivas para desenvolver ali o tipo de reportagem que me interessava. Longos textos, analíticos, com foco em África e Oriente Médio e reportagem *in loco*; era isso que eu gostaria de fazer da minha vida de jornalista. Nos tempos de faculdade, achava que tudo isso coubesse num jornal ou numa revista, mas depois vi que estava enganada.

Em 2011, os dois maiores jornais do país, a *Folha de S.Paulo* e o *Estado de S. Paulo*, anunciaram novos projetos gráficos e planos drásticos de contenção de custos. Os motivos alegados publicamente seriam dois: dinamizar as publicações em meio à era da internet e contra-atacar pesquisas de opinião que mostravam que as pessoas têm cada vez menos tempo para ler notícias. Resultado prático: os jornais encolheram e os passaralhos (demissões de jornalistas em bando) se tornaram uma triste rotina a cada seis meses nas redações.

No cerne do problema, porém, estava o avanço da internet e o encolhimento das verbas das mídias impressas. O fenômeno mundial implicava crescente perda de receita publicitária para jornais e revistas. E, mesmo migrando seu conteúdo para a internet, esses veículos ainda lutavam contra receitas menores de anunciantes e buscavam um novo modelo de negócios lucrativo. A oferta on-line de reportagens restritas a assinantes ou aos leitores pagantes (o famigerado "paywall") se tornou a última (e praticamente única) moda na empreitada.

* * *

Na hora de planejar a ida de Beirute ao Cairo, fiquei na dúvida sobre o trajeto. Se deveria chegar ao Egito pela Jordânia, cruzando Aqaba de balsa ou pegar um voo direto Beirute-Cairo. A vantagem do primeiro roteiro era aproveitar a ida ao Egito para conhecer a Jordânia. Nunca estive no país e tinha muita curiosidade de conhecer Petra, a monumental cidade esculpida nas rochas ao sul do país. Mas acabei optando pela segunda alternativa, por conta do risco de ficar presa na fronteira entre a Jordânia e o Egito por mais tempo do que o esperado e para evitar imprevistos. Eu queria estar no Cairo, de qualquer maneira, no dia 25 de janeiro, aniversário de dois anos da revolução egípcia.

Terceira Parte

Egito, Umma al Dunya

> Que vem a ser um homem revoltado? Um homem que diz não. Mas, se ele recusa, não renuncia: é também um homem que diz sim, a partir do seu primeiro movimento [...].
>
> Na nossa provação cotidiana, a revolta desempenha o mesmo papel que o cogito na ordem do pensamento; é a primeira evidência. Mas semelhante evidência arranca o indivíduo à sua solidão. É um lugar-comum que baseia em todos os homens o primeiro valor. Eu revolto-me, logo existimos.
>
> ALBERT CAMUS, O homem revoltado

Embarquei de Beirute para o Cairo na véspera do aniversário de dois anos da Primavera Egípcia. Por causa dos protestos e da tensão crescente no país, imaginei que a ocasião seria motivo de rebuliço ainda maior nas ruas do Cairo. Cheguei a pensar em adiar a viagem, mas o aniversário da revolução acabou pesando mais. Assim como o espírito jornalístico, que é sempre um pouco contrário à lógica da "segurança em primeiro lugar". Eu queria estar lá para ver este momento.

A chegada ao Cairo foi espetacular. Na descida do avião para o aeroporto, o piloto inclinou a aeronave num rasante quando passamos pelas pirâmides de Gizé. Os passageiros suspiraram, em voz alta, admirados. Pousamos por volta das 13h, no horário local.

Do lado de fora do aeroporto, o clima era agradável; apesar de ser inverno, quase fazia calor, e o céu estava muito azul, era um dia lindo. No táxi, a caminho do albergue, descobri que o Cairo é barulhento, bege e cheio de vida. Uma versão mais caótica e suja do Rio de Janeiro. O centro da cidade me lembrou um pouco o Méier, subúrbio carioca onde meu avô morava. Uma versão mais pobre, suja e cinza do bairro carioca, mas com a mesma atmosfera. Me apaixonei rapidamente e já comecei a pensar em morar ali um dia.

O albergue onde me hospedei ficava num prédio antigo de uma rua bastante comercial, a quinze minutos de caminhada da praça Tahrir, onde fica também o Museu Nacional Egípcio. Uma pechincha, era bem localizado e funcional. Tudo do que eu precisava.

Os quartos individuais estavam lotados, então fiquei em um enorme de casal pelos dois primeiros dias. Uma cama de casal gigante, outra de solteiro, uma escrivaninha, um armário, duas poltronas e um janelão com varanda para a avenida em frente ao hotel. Banheiro que é bom, nada. Só o partilhado do lado de fora do quarto. Dentro do cômodo, uma pia e um espelho.

Pergunto para a recepcionista pela toalha de banho. "Já está no quarto", ela responde. "Não, não. Lá só tem as toalhas pequenas de rosto", explico. "Vocês têm maiores para banho?", pergunto. "Não, mas se você quiser posso lhe dar duas pequenas para o banho", ela me responde sorridente. Agradeço e fico imaginando o banho. Penso na vida mais confortável em Beirute, mas ainda estou deslumbrada com o Cairo, não chego a ter saudades do Líbano. Vou demorar exatamente um dia para rever minha opinião.

Depois do check-in, parto para a rua. Quero ver a praça Tahrir e visitar o museu. Mas não me arrisco no elevador de porta manual, movido a engrenagem que parecia dos tempos do faraó. Um óleo negro escorria pelas correias. Por via das dúvidas, subi e desci de escadas os seis andares durante toda minha hospedagem no Cairo.

Com minha cara de árabe, passei neste dia até bem despercebida entre os homens da cidade, cuja má fama de assédio está entre as piores do mundo árabe. Claro, também estava vestida com discrição. Era inverno, então me aproveitei de casacos, cachecóis, calças largas e botas. Quando era possível, também me vestia de cores escuras e prendia o cabelo comprido num coque ou com uma piranha atrás da cabeça. A ideia era tentar passar despercebida ou, pelo menos, não chamar atenção. O plano funcionou 60% das vezes.

A caminho da Tahrir vejo igrejas, mesquitas, estátuas, prédios com fachadas antigas, lindas e cheias de arabescos. Ao lado de bancos, caixas eletrônicos, lojas de shawarmas, fast-foods, mercadinhos, padarias, vendedores ambulantes. E tudo o mais que se possa imaginar. Começo a pensar quando poderia me mudar para o Cairo.

No caminho para o museu, vejo a praça Tahrir repleta de barracas, bandeiras do Egito e também da Palestina. Pessoas circulam por ali ou estão sentadas em algum canto jogando conversa fora. Há mais homens que mulheres, e a maioria é jovem. Desempregados, deduzo, porque são 14h de uma quinta-feira.

Ao atravessar uma avenida, um senhor simpático me diz em árabe para tomar cuidado. Agradeço a ajuda e ele puxa papo, ainda em árabe. Digo, em inglês, que falo pouco o idioma. Ele conta que é professor primário e diz que devo ver o segundo andar do museu, onde estão as múmias de Tutancâmon e Ramsés II. Também me indica uma loja que vende souvenirs ali perto, até me mostra o caminho para o local.

Agradeço, entro na loja, caio de pato na jogada, e compro um pingente de prata e três essências de perfume. Todas com nomes exóticos e, provavelmente, produzidas de forma caseira com aromas e álcool de cozinha. Embaixo do balcão, consegui espiar vidros grandes com as misturas. Passei a suspeitar da origem de todo tipo de perfume vendido em local turístico depois de ter comprado um aromatizador de sândalo que era na verdade uma mistura de detergentes e desinfetantes, em uma viagem que fiz a Salvador da Bahia no final de 2011 com minha mãe.

Ali, o vendedor é um cinquentão alto, moreno e charmoso. Quando conto que sou brasileira, ele abre um sorriso enorme. "Não acredito! A gente ama o Brasil aqui. Toda vez que o Brasil está jogando ou competindo em qualquer esporte, torço para o Brasil. Não sei por que, mas sempre me senti brasileiro", diz ele, exagerado. Dou uma gargalhada. Sincero ou não, aquilo tudo era muito engraçado.

Ali me contou que era de Aswan, cidade famosa pelos sítios arqueológicos no sul do Egito. Eu disse que estava achando o Cairo parecido com o Rio de Janeiro e que estava adorando.

"Mas ainda bem que você veio hoje ver o museu. Amanhã não passe aqui pela praça Tahrir não. Vai estar um tumulto só", ele disse. "Por causa dos protestos dos dois anos da revolução?", perguntei. "Sim, eu vou estar aí também protestando, mas para as mulheres é melhor se preservar", explicou.

Nem preciso questioná-lo sobre o motivo do protesto, ele se adianta me contando sobre sua frustração com o governo de Mohammed Morsi. Eleito em junho de 2012 pela Irmandade Muçulmana, o presidente foi o primeiro depois de trinta anos de ditadura Mubarak.

"Vocês têm um presidente bom, o Silva (em referência a Luiz Inácio Lula da Silva, então já ex-presidente do Brasil). Admiro ele, pensou no povo primeiro, colocou o Brasil na frente dos seus interesses pessoais e ampliou os programas sociais", afirmou empolgado. Procuro algum brochinho do PT pelo recinto, em vão. Impressionante Ali saber tantos detalhes sobre a política brasileira.

"Aqui no Egito, não. Só tem corrupção. A Irmandade Muçulmana subiu ao poder e não fez nada. Ninguém pensa no país. É cada um por si", completou ele. Principalmente se é para extorquir os turistas estrangeiros, penso eu com meus botões, enquanto Ali me cobra 40 libras egípcias por cada vidrinho minúsculo de essência cheirosa. Sei que estou sendo roubada, porque o táxi do aeroporto para o albergue me custou quase isso. Negocio um desconto, mas me compadeço com a realidade dura da vida do povo egípcio e com os modos corteses de Ali e prefiro não insistir.

Da gentileza ao galanteio, porém, é um pulo, no Egito. Em qualquer lugar, por qualquer motivo, com qualquer mulher. Ali já está me convidando para comer um prato típico egípcio com arroz, frango e macarrão, enquanto tento pagar a conta. Agradeço, mas digo que meu noivo não gostaria da ideia. Tudo mentira, é claro, mas inventar um noivo ou marido se provou a alternativa mais eficaz contra o assédio masculino no mundo árabe. Principalmente em táxis e bares. Não, um namorado não basta, não é sério o suficiente. O divertido era cada vez poder criar uma história amorosa diferente; tive um marido brasileiro, outro alemão e outro sírio, três filhos e fui até viúva.

Ali me diz que é casado, que não queria me ofender, buscava apenas minha amizade e pede desculpas. Desconversei, já perdendo a paciência, dei mil sorrisos sem graça e fui-me embora para o museu. Mal podia esperar para ver as múmias mais famosas do mundo.

O grande irmão zela por ti

> *Impossível saber com que frequência ou periodicidade a Polícia do Pensamento ligava para a casa deste ou daquele indivíduo [...]. Tinha-se que viver — e vivia-se por hábito transformado em instinto — na suposição de que cada som era ouvido e cada movimento examinado, salvo quando feito no escuro.*
>
> GEORGE ORWELL, *1984*

O ingresso de entrada no Museu Nacional do Egito, um palacete cor-de-rosa e branco, custou-me 60 libras egípcias. Fotos lá dentro não são permitidas, nem sem flash nem com o celular.

Grupos numerosos de turistas chineses cruzam meu caminho, alguns poucos americanos, franceses e alemães. Exatamente a mesma coisa que eu observara antes no Museu Britânico, em Londres, e nos aeroportos de Londres e Paris: quem estava viajando e fazendo turismo pelo mundo eram os chineses.

No jardim que fica antes da entrada do museu, Mohamed, um jovem de menos de 30 anos, me ofereceu seus serviços de guia, num carregado sotaque árabe. Agradeci, mas neguei a oferta. Ele estudou hotelaria numa universidade do Cairo, disse que o curso é muito procurado no país. "A gente pode escolher um idioma para se especializar como guia turístico e eu optei pelo japonês, porque antes havia muitos que vinham para cá. Até voo direto Cairo-Tóquio criaram. Mas acabei me dando mal. Eles sumiram do país depois da revolução, têm medo da insegurança, dos protestos, da violência. O turismo em geral vai mal no país", ele me contou.

O turismo é uma das fontes mais importantes de entrada de capital estrangeiro no Egito, e é responsável por cerca de 12% do PIB do país. Em 2010, 15 milhões de turistas viajaram para o Egito, um recorde abruptamente interrompido pelos protestos de 25 de janeiro de 2011. Alertas de viagens e reportagens alarmistas na mídia internacional espantaram os turistas desde então. Em alguns locais do país, o número de turistas caiu 80%.

Alguns críticos reclamam que o oposto deveria estar acontecendo: o turismo deveria estar sendo valorizado como o principal setor da economia para apoiar a revolução e seus frutos no Egito. O governo Morsi tinha planos ambiciosos que nunca saíram do papel. Até 2017, pretendia atrair 30 milhões de turistas por ano.

Apesar de maltratado e parcamente sinalizado (na comparação com museus de peso como o Museu Britânico, em Londres, e o Louvre, em Paris), entrar no Museu do Egito é ser transportado no tempo. A sensação de precariedade perde para o cheiro das milenares estátuas de pedra, para os hieróglifos entalhados nos sarcófagos, para a máscara de ouro de 11 quilos do faraó Tutancâmon. "Meu Deus, que povo incrível, que história espetacular a do Egito!", pensei inúmeras vezes comigo mesma. E decidi que definitivamente moraria no Cairo em algum momento da vida.

Fico cerca de três horas no museu me deslumbrando com as joias mais lindas que já vi, pingentes em formato de cobras e escaravelhos, a chave da vida (ou cruz ansata, com uma dobra no topo), as sandálias de dedo aos moldes das nossas rasteirinhas de hoje, urnas onde eram guardadas as vísceras das múmias, um vaso para o fígado, outro para os rins, paredes e paredes cobertas de papiros; trechos do *Livro dos mortos* (coletânea de feitiços, mágicas e orações colocadas nos túmulos junto das múmias para guiar o morto em sua viagem ao Além).

O *Livro dos mortos* professa o respeito à verdade e à justiça. Depois de mortos, todos estão sujeitos ao julgamento da deusa Maat. Riquezas ou posição social do falecido não fazem diferença, apenas seus atos em vida. Surgiu no Egito pela primeira vez na história da humanidade esse conceito de que o destino depois de morto depende da conduta moral enquanto vivo. Segundo a mitologia egípcia, Maat, a deusa da Justiça representada por uma mulher com uma pluma na cabeça, pesava as almas dos mortos. Num prato de uma balança, colocava a sua pena da verdade e no outro o coração do falecido. Se os pratos ficassem equilibrados, o morto estava livre para encontrar as divindades e outros mortos, mas, se o coração fosse mais pesado, o espírito do morto era jogado para ser devorado por Ammit (deus parte leão, parte hipopótamo e outra, crocodilo). "Esses egípcios deviam saber de algo que nós ainda não sabemos", desconfio diante de tão sofisticadas teorias sobre a vida e a morte mais de 2 mil anos antes de Cristo.

No meio do meu devaneio histórico, um homem de bigode me para dentro do museu. É educado, mas extremamente formal. "Desculpe, com licença, o que você está achando do museu?", ele dispara. Eu estranho a abordagem, que não parecia uma cantada, e respondo apenas que estou gostando. "Mas você está gostando mais do museu agora, depois da revolução?", ele insiste. "Estou visitando o museu pela primeira vez, não sei como era antes." "De onde você é?" "Bratslava", respondo, porque soa bonito. "Mas e na cidade, você está se sentindo segura no Cairo pós-revolução?", ele parte para o inquérito. "Estou na cidade há menos de cinco horas, não dá para dizer nada ainda. Até agora está tudo bem", respondo. Se você não estivesse me perguntando isso com essa cara de araponga, seria melhor ainda, penso comigo mesma.

Uma amiga brasileira que trabalhava numa ONG internacional em Nairóbi, no Quênia, e visitara o Cairo uma semana antes da minha chegada havia me alertado sobre a onda de policiais à paisana misturados em meio aos civis em pontos turísticos. A Irmandade Muçulmana, o partido no poder, estaria apertando a segurança por receio de renovados protestos e tumultos. E, para isso, estaria fazendo uso do numeroso aparato de segurança remanescente dos anos Mubarak — em que o Exército egípcio era um dos maiores do mundo árabe e o Estado policiava opositores e cidadãos com escutas e espiões trajados como civis. Perturbadora a sensação de estar sendo vigiada ou observada, sem saber por quem.

De noite, saio do albergue para comer um sanduíche, mas acabo comprando um hambúrguer para viagem, mais umas bolachas e chocolates. Sem poder comer frutas e comidas locais para evitar intoxicações alimentares, eram poucas as opções de alimentos que sobravam. E, geralmente, pouco saudáveis.

Na rua, o assédio dos homens foi maior. Perturbador também ser tão observada simplesmente pelo fato de ser mulher. Talvez porque poucas mulheres circulavam por ali sozinhas, talvez porque eu não estivesse de véu, talvez porque fosse de noite. Não sei. De toda forma, ignorei plenamente as cantadas e xingamentos em árabe, que variavam de "linda" a "você devia estar usando o hijab". Só respondi para um menino que devia ter uns 13 anos e saiu me seguindo pela rua. Ele falava comigo em árabe e eu respondia em português, de cara feia. Deu certo. Depois de umas três tentativas, ele desistiu.

Mas a experiência foi bem estressante. Mesmo sendo brasileira e estando acostumada com assovios na rua, achei o assédio pesado. Com o clima político tenso na Tahrir e as tentativas infinitas de extorsão, fiquei com a impressão de que o Cairo faraônico, a cidade berço da civilização humana, já teve dias melhores. E aí me lembrei por que sempre gostei tanto do Líbano. Definitivamente, era o país árabe mais liberal e aberto a estrangeiros da região, pelo menos Beirute. A cidade não deixa nada a dever para Rio, São Paulo ou Londres.

Trabalhar como jornalista no Egito era difícil não só para mim, mas também para outras colegas de profissão.

Cada uma encarava o desafio sob um ângulo diferente de acordo com sua própria experiência. "Me senti vulnerável, mas considerei um mal inevitável a que alguém estaria sujeito no meio de uma multidão em qualquer estádio de futebol da Europa", contou no livro *No Woman's Land* a jornalista independente Agnes Rajacic, que também sofreu abuso sexual quando cobria a Primavera Árabe no Cairo em 2011. "Nunca me considerei uma mulher jornalista, mas penso que sou uma jornalista e ponto", comentou, por sua vez, a jornalista egípcia Shahira Amin. O livro conta a história de mais de trinta mulheres jornalistas que narram episódios de agressão e coragem em situações de cobertura de conflitos armados.

Praça Tahrir

"Nós não usamos o termo Primavera Árabe. Não gostamos dele, não faz sentido. As revoltas aconteceram no inverno e não transformaram completamente o país para ter essa conotação positiva de florescer da primavera. Chamamos o que aconteceu em 2011 só de revolução", contou Habiba Ezz, 26. Ela fez mestrado na Sciences Po, em Paris, em Gestão Pública e Governança Internacional.

É ela quem me mostra o Cairo, graças a uma amiga em comum, Margaux, uma estudante francesa que conheci na Tunísia. Habiba e eu combinamos de nos encontrar no dia seguinte para irmos juntas aos protestos na praça Tahrir.

Decido ir de metrô depois que o recepcionista do albergue me ensina o caminho. Barato, eficiente e limpo, o metrô do Cairo me surpreende. Custa apenas uma libra egípcia, o equivalente a cerca de 0,15 centavos de dólar. Tem menos linhas que o de São Paulo, mas é um dos únicos da África. O outro fica em Argel, na Argélia, também no norte do continente. Milhões de pessoas passam por ali todos os dias.

Na saída da estação, percebo que estou sendo seguida por um homem vestido de preto. Eu paro; ele para também. Decido ignorá-lo e saio andando de novo. Eu paro e olho para a cara dele. Ele para também e começa a falar comigo em árabe. Começa a se aproximar, eu acelero o passo. A escada de saída do metrô está vazia porque é sexta-feira, o dia sagrado dos muçulmanos, equivalente ao nosso domingo no Brasil. Multidões ou lugares ermos demais são duas coisas a se evitar no Egito se você é uma mulher andando pelas ruas. Já do lado de fora do metrô, atravesso a grande avenida, que hoje tem poucos pedestres circulando. Ele continua me acompanhando da outra calçada. Impossível saber o que se passa na cabeça de um doido como esse, e parar para descobrir também não parece uma boa ideia naquele momento. Irritada, paro ao lado de um táxi estacionado ali perto.

— What's happening? — o motorista me pergunta em inglês o que está acontecendo. Ele tem uma voz metálica assustadora e usa um aparelho eletrônico apontado para a garganta para falar. Toda a cena me parece um filme trash, um sonho surreal. "Que porra é esta? O que mais me falta aparecer pela frente hoje?", penso comigo mesma.

— Aquele cara está me seguindo — respondo, pedindo abrigo no carro dele.

— Sinto muito, alguns homens aqui no Egito não sabem se comportar — diz. Em seguida, me oferece carona até um hotel ali perto, apenas para despistar o tarado de plantão. Não aceita que eu lhe pague pela carona. Saio atordoada e agradecida, sem perguntar qual é seu nome.

Por volta das 13h, já estava esperando Habiba numa praça perto de uma ponte que cruza o Nilo e desemboca na praça. No local, porém, àquela hora, havia pouca gente.

"As pessoas estão terminando as orações nas mesquitas, e de lá vão vir marchando para cá", explicou Ali, 28. Com amigos, ele vende camisetas vermelhas com inscrições em inglês e árabe: "25 de janeiro, o dia que mudou o Egito". "Fizemos muitas, agora estamos vendendo o excesso por 20 libras egípcias. Mas o dinheiro não é para a gente, vamos doar para caridade", disse Ali citando uma ONG local de nome árabe que eu desconheço.

Puxei papo com ele enquanto Habiba não chegava. Gentil, Ali me emprestou seu celular para eu ligar para ela. Habiba está atrasada, aproveito para tirar fotos da Ópera do Cairo ali perto e do corniche, o belo calçadão ao longo do Nilo onde famílias estão sentadas comendo lanche ou tomando café.

Uma hora depois, Habiba aparece esbaforida pedindo desculpas pelo atraso. Ela era morena e bonita, magra, com longos cabelos pretos ondulados, os olhos maquiados e gloss nos lábios. Estava vestida com uma blusa de manga comprida cinza solta, calças e botas compridas pretas e trazia uma caxemira fina preta ao redor do pescoço. Podia passar fácil por brasileira.

Juntas, decidimos ir para outra avenida da cidade encontrar uma marcha, da qual amigos dela estão participando. Pegamos o metrô para Dokki.

Dentro do vagão para mulheres, um vendedor ambulante vende alfinetes usados para prender hijabs. Habiba e eu seguimos conversando sobre as diferenças entre o Brasil e o Egito. "No meu mestrado, a gente estudou o Bolsa Família e os últimos três governos brasileiros. É o caso de maior sucesso entre os países emergentes. Os programas de transferência de renda são um exemplo para o mundo. Aqui no Egito, seja na era Mubarak ou agora com o Morsi, ninguém coloca o país na frente dos seus interesses próprios. Ninguém implementa políticas sociais como as brasileiras. E as pessoas continuam protestando por pão, liberdade e justiça social", disse ela. Eu voltei a me impressionar; do vendedor de souvenirs à jovem que fez mestrado na França, os egípcios conhecem mais do Brasil do que eu pensava.

Habiba pergunta para uma moça sentada perto da porta se estamos na estação certa, saltamos a tempo correndo com as portas do trem quase fechando em cima de nós. Em Dokki, vemos várias marchas de opositores cruzando uma grande avenida. O trânsito está congestionado pelas marchas na via que ruma em direção à praça Tahrir.

"Eu sou muçulmana, não votei na Irmandade Muçulmana, mas eles não estão fazendo nada pelo país. As pessoas veem. Anunciaram o projeto Renascença para mudar o Egito em cem dias, mas nada foi feito. Nem o empréstimo do FMI eles conseguiram destravar. Está tudo em suspenso no país", contou Habiba.

Ela se referia ao plano do então presidente egípcio, Mohammed Morsi, para transformar o Egito em cem dias. O projeto Renascença ("Al Nadha") prometia melhorias nas mais diversas áreas do país, desde o trânsito até a segurança e a coleta de lixo. Ao todo, eram 64 medidas que, num esforço de propaganda do governo, foram expostas num site na internet (www.morsimeter.eg) que media o progresso das promessas. Um relógio também marcava o passar dos cem dias.

Desde a queda de Mubarak no início de 2011, porém, a população egípcia enfrentava uma instabilidade política crescente que minava a economia do país. Segundo o Banco Africano de Desenvolvimento, em 2012, cerca de 40% dos 85 milhões de egípcios viviam com menos de 2 dólares por dia. O desemprego era de mais de 12%.

Apesar das promessas de mudanças, o governo ainda se delongava negociando em 2013 um empréstimo de US$ 4,8 bilhões com o Fundo Monetário Internacional. Havia incertezas quanto ao fato de o Egito ser capaz de cumprir com uma série de reformas econômicas e cortes de gastos exigidos pelo Fundo, em meio às constantes ondas de instabilidade política.

Para tentar contornar a situação, Morsi anunciou em fevereiro de 2013 a criação de um conselho para o desenvolvimento econômico. Sob supervisão da Presidência, a instituição foi anunciada no Twitter de Morsi como "apoio às aspirações de progresso dos egípcios". Opositores e seculares criticavam a inexperiência da Irmandade Muçulmana em governar como um de seus pontos fracos. O outro seria uma suposta agenda da legenda para a formação de um Estado islâmico no Egito.

A Irmandade Muçulmana é um dos movimentos políticos mais influentes e antigos do mundo árabe contemporâneo. Fundado em 1928, no Egito, o partido se apresentava como pan-islâmico, religioso e político. Defendia o Islã como o centro da vida política, em contraposição ao capitalismo e ao comunismo — considerados ambos apenas voltados às necessidades materiais da humanidade, deixando o espírito em segundo plano. Seu apoio popular vinha dos amplos movimentos sociais e obras de caridade. Foi banido e perseguido no Egito, em 1948, mas já contava então com mais de 1 milhão de partidários.

Clandestina, a organização continuou se organizando em células pequenas, que sobreviveram à repressão policial. Um aparato secreto também foi formado e liderou ataques a bomba no Cairo, assassinatos e agressões a membros do governo, judeus e britânicos. A Irmandade só voltou a ser um partido legalizado após a queda de Mubarak. Desde sua fundação, o partido contava e conta até hoje com doações de seus membros e do reino da Arábia Saudita, com quem compartilha laços sunitas. Nos anos 1980, foi justamente a união entre as vertentes egípcia e saudita do movimento islâmico radical que deu origem à Al Qaeda — fundada pelo saudita Osama bin Laden e seu braço direito, o médico egípcio Ayman al-Zawahiri.

Em paralelo, desde o fim da Segunda Guerra Mundial (1939-45), também se fortalecia o nacionalismo árabe de caráter secular. Assim como o movimento islâmico, fazia frente ao capitalismo, ao socialismo e à influência estrangeira, mas tinha caráter secular e amplo apoio das forças militares. Ironicamente, o Egito e a Síria foram, então, os dois principais berços do nacionalismo árabe, no qual se sustentaram as "ditaduras", entre outras, de Mubarak e Assad. Hoje, os dois países parecem estar, literalmente, entre a cruz e a espada.

"O risco agora é de uma radicalização. Da oposição ou da própria Irmandade. Eles lutaram muito para chegar ao poder, dificilmente vão abrir mão dele tão fácil", observou Habiba. Para ela, outro fator importante na atual cena política instável do Egito eram as forças de segurança. "Por hora, o Exército apoia o governo, mas Morsi não manda neles. Nem na polícia. A insegurança hoje no país é maior do que durante os anos de mão de ferro de Mubarak. Há mais roubos, mortes e agressões nas ruas", afirmou.

Assédios a mulheres também seguem em alarmante alta. "É uma epidemia, sim, um problema enorme no Egito, alimentado principalmente pela impunidade", contou Habiba. Poucas mulheres denunciam à polícia os abusos recorrentes que sofrem no meio da rua, nos ônibus, no trabalho e até nas mesquitas.

A praça Tahrir, símbolo da revolução egípcia, tinha se transformado também no palco de violentos ataques sexuais a mulheres. Neste dia 25 de janeiro em que estive participando dos protestos, foram registrados dezenove casos de mulheres abusadas na praça, segundo ONGs locais. Na onda de protestos que mais tarde se estenderam pela semana toda e por outras cidades do país, a ONU relatou o ataque a 25 mulheres na Tahrir, fato que recebeu condenação oficial da organização. A presidente da ONU Mulheres, Michelle Bachelet, pediu que as "autoridades egípcias protegessem as mulheres e punissem os responsáveis pelos ataques".

A maioria dos assédios e estupros aconteceu de noite, e eu não testemunhei nenhum. Mais tarde, porém, eu ouviria do ativista Mohamed El-Khateeb um relato assustador sobre o que ele viveu naquela noite do dia 25, reproduzido mais adiante.

Durante o dia, a Tahrir tinha clima de Fórum Social Mundial. Muitas famílias, pais com crianças, mulheres e idosos participavam dos protestos. Ambulantes vendiam cornetas, amendoim e batata-doce. Um homem balançava uma bandeira do Egito sentado em cima de um poste compridíssimo no meio da praça. Muitas pessoas usavam máscaras como a do protagonista do filme *V de Vingança*, famosa por também ter virado símbolo do grupo de hackers Anonymous.

Imaginei como aquela cena devia ser diferente da Tahrir durante os protestos originais de 2011. No centro das manifestações estava o movimento 6 de Abril, que desde 2008 tentara organizar protestos contra o regime, sem sucesso. Dois anos mais tarde, foi esse grupo de ativistas e hackers que divulgou na internet e na mídia o assassinato do blogueiro Khaled Said pela polícia, em Alexandria. Rapidamente, ele se tornou um mártir e deu um rosto à revolução, assim como Bouazizi, na Tunísia. O 6 de Abril se tornou a Juventude Revoltada (Angry Youth) e liderou os protestos que fizeram história nas ruas do Cairo.

Em 2013, a polícia estava presente nas entradas da praça Tahrir, mas o clima era, em geral, calmo. Habiba e eu retornamos à praça por volta das 16h. Marchas de manifestantes com bandeiras do Egito e cartazes chegavam ao local, cantando slogans contra o governo. A maioria partiu de mesquitas em diferentes regiões da cidade após a reza da sexta-feira, que acaba por volta das 13h. Embora aquele fosse o momento de pico dos protestos, era fácil andar entre os manifestantes pela Tahrir.

"Ano passado, viemos caminhando com centenas de pessoas, mas não conseguimos nem entrar na Tahrir", contou Georges Fahmi. Ele tinha trinta anos, estudou Ciência Política na Universidade do Cairo e fez pós-graduação em Florença, na Itália. Atualmente, trabalhava num *think tank* chamado Arab Forum for Alternatives.

Em 2012, a comemoração do primeiro aniversário do início da revolução — que derrubou o ditador Hosni Mubarak após trinta anos no poder — reuniu mais de 1,5 milhão de pessoas no centro do Cairo. Na época, os manifestantes protestavam contra a junta militar no poder e pediam eleições.

Seis meses depois, o país teve seu primeiro pleito livre e elegeu, com 51,7% dos votos, o islamita Mohammed Morsi, da Irmandade Muçulmana, para presidente. Críticos creditaram a vitória à falta de alternativas políticas à Irmandade, o partido mais articulado e tradicional na oposição a Mubarak. Seis meses depois, o novo líder, Morsi, tinha se tornado o principal alvo dos protestos.

"Tem menos gente porque a diferença é que hoje a Irmandade Muçulmana não está na praça, e também tem muita gente que ficou com medo de os protestos acabarem em violência", contou Rania Saad, 26, ativista de direitos humanos. Amiga de Habiba, ela trabalhava em ONGs de defesa dos direitos das mulheres. Tinha o cabelo castanho preso num rabo de cavalo, usava jeans e camiseta, falava alto em tom entusiasmado, mexendo muito as mãos e os braços em gestos largos.

Nesse ano, a Irmandade não chamou seus simpatizantes às ruas. Em vez disso, pediu que a revolução fosse celebrada com doações e atos de caridade. Um dia antes, Morsi fez discurso público pelo aniversário do profeta muçulmano Maomé e apelou aos egípcios para comemorarem o aniversário da revolução de "forma pacífica e civilizada".

Saíram para a Tahrir a oposição e os descontentes com o governo. Mais de quinze partidos opositores mobilizaram protestos pela cidade, com a praça como ponto de encontro final. A Frente de Salvação Nacional, o maior bloco oposicionista, apelou para manifestações "em todas as praças Tahrir do país".

A principal queixa contra o governo Morsi é a lentidão nas reformas e no combate à pobreza e à corrupção. A Constituição aprovada em referendo em dezembro de 2012 também era alvo de críticas.

Dividida, a oposição fazia barulho, sem foco. "Abaixo Mohammed Morsi", gritavam alguns manifestantes. Outros, mais tarde, pediram "pão, liberdade e justiça social", repetindo o mote da revolução.

Episódios de violência aconteceram, mas foram pontuais. Quando manifestantes tentaram romper o arame farpado em volta de um prédio do governo, os policiais lançaram gás lacrimogêneo. O prédio do Parlamento também foi alvo de pedradas.

Na frente do palácio presidencial, em Heliópolis, a polícia também jogou gás lacrimogêneo contra manifestantes que tentaram romper um cordão de isolamento para entrar no edifício.

Protestos menores foram registrados em outras cidades do Egito, incluindo Alexandria, Suez, Port Said e Ismaília. Segundo a Reuters, manifestantes invadiram, saquearam e atearam fogo no escritório da Irmandade Muçulmana em Ismaília.

Morsi pediu calma e o fim dos confrontos. Ao menos 186 pessoas teriam ficado feridas no país naquele dia e nove morreram, informou a BBC.

* * *

Antes de deixar a Tahrir no fim do dia, Habiba, Rania e eu fomos tentar tirar uma foto da multidão na praça do alto de algum dos prédios ali perto. Rania conhecia uma professora que morava em um apartamento virado para a Tahrir e nos indicou o caminho para irmos na frente enquanto ela terminava um telefonema. Habiba convenceu o porteiro a nos deixar entrar e subimos correndo as escadas para o sexto andar. O elevador estava quebrado.

Tocamos a campainha, mas nada, o apartamento estava vazio. "Quem sabe no último andar tem um terraço?", perguntei a Habiba já me preparando para correr mais outros cinco lances de escada acima. Ela ainda estava ofegante e com as pernas doendo, falou que me esperaria ali. Lá fui eu atrás da minha vista para a Tahrir. No último andar, toquei duas campainhas, ninguém.

Uma portinha estreita de metal levava para uma escada externa de metal. Um cartaz pendurado dizia: "Entrada Proibida" em inglês e em árabe. Fingi que não vi, abri a porta, olhei em volta e subi a escada, rezando para não ser presa e os degraus darem em algum terraço. Bingo! Uma família vivia ali, ouvi crianças brincando e vi uma mesa perto da beirada do terraço. Um casal cinquentão estava sentado ali, tomando café e acompanhando os protestos na praça. Muito cara de pau, pedi licença e me aproximei sorrindo. Eles não falavam inglês e meu árabe ainda era bem básico. Com mímicas mostrei minha câmera e apontei para a Tahrir. A senhora simpática de cabelos pretos curtos sorriu e respondeu que "sim" com a cabeça. Me aproximei da bancada e vi a multidão lá embaixo na praça, cantando e gritando. O sol se punha no horizonte e as primeiras luzes despontavam pelo centro da cidade, colorindo tudo de laranja. O Cairo pulsava. Um momento inesquecível de minha jornada.

De volta à praça, já estava escuro. Habiba segurava minha mão com força enquanto caminhávamos em direção à estação de metrô Sadat, ali perto. Habiba voltaria para casa de metrô, eu a pé. Uma multidão se aglomerava nesta parte da Tahrir, que era mais estreita. A estação estava fechada e demos meia-volta, mas, ao tentar cruzar para o lado oposto da praça, o único caminho estava lotado de pessoas tentando abrir caminho em direções opostas. Habiba seguiu em frente. "Acho que não é uma boa ideia irmos por aí", eu disse. Em questão de minutos, já estávamos no meio da multidão, mais alguns segundos e parecia que íamos ser sufocadas ou esmagadas. Habiba apertou mais minha mão. Eu tentava não ficar parada, e quando sentia alguém se aproximando dava mais um passo ou virava as costas.

Vi um homem se aproximar de Habiba por trás dela, depois só ouvi seu grito. Ela virou para ele, na hora, e o xingou alto em árabe gritando, todo mundo em volta olhava a cena. E com a mesma rapidez saiu empurrando as pessoas em volta para abrir espaço e sair de perto do homem.

Só quando chegamos a uma rua mais tranquila ela parou de andar rápido e soltou minha mão. "Você está bem? Está tudo bem?", perguntei para Habiba. "Você viu, você viu?", ela me perguntou. Horrorizada, ainda tinha a voz esbaforida. "Sim, aquele cara passou a mão em você, não foi?", eu disse. "É um horror isso, um absurdo!", desabafou ela com voz de choro. "Vamos sair daqui, já está muito tarde. Não deveríamos estar na rua a essa hora sozinhas, sem um homem junto. É nossa culpa também", afirmou ela apressando o passo rumo a uma avenida paralela.

Eu, boquiaberta, percebo calada que Habiba sequer se deu conta do que disse. Sua reação foi automática, reproduzindo a lógica machista da sociedade egípcia. Vi se concretizar na minha frente uma das principais faces ocultas do assédio à mulher no Egito. Além dos próprios homens que realizam o assédio, grande parte das pessoas que presenciam um abuso não faz nada e se omite por ignorância ou por acreditar que as mulheres provocaram o ataque. Muitas mulheres inclusive pensam assim. Entre as supostas provocações, estariam roupas ocidentais, coloridas, o fato de encarar um homem, de estar sozinha andando pelas ruas ou apenas com outras mulheres sem um acompanhante homem. No entanto, até essas justificativas caem por terra quando se constata que no Egito também sofrem assédio as mulheres usando burcas (o véu preto muçulmano que cobre a mulher por completo da cabeça aos pés, deixando apenas os olhos à mostra) e aquelas que estão acompanhadas.

Logo adiante, Habiba e eu vimos outra cena de assédio. Uma mulher, aparentando cerca de 40 anos ou mais, começou a gritar no meio da rua com um menino, que devia ter uns 13 anos. Habiba me contou que ela estava xingando o garoto porque ele tinha passado a mão na bunda dela. "Não! Ele é tão pequeno, não é possível!", respondi, incrédula.

Um grupo de adolescentes ria da cena. Um deles gritou para a mulher: "É culpa sua, quem mandou andar por aí de calça vermelha apertada, chamando atenção! Tava pedindo!" Outras pessoas na rua riram. A mulher continuou xingando os meninos, que saíram correndo. Ela usava uma calça de brim cereja com uma camisa de mangas longas folgada. Dias antes, duas meninas que andavam num parque ali perto tinham sido atacadas por um grupo semelhante de adolescentes, que chegou a rasgar as roupas de uma delas. As meninas só conseguiram se salvar porque um senhor viu a cena e ameaçou chamar a polícia.

Para o sociólogo Said Sadek, da Universidade Americana do Cairo, o problema está enraizado na sociedade egípcia: uma mistura do que ele chamou de "um crescente conservadorismo islâmico", em alta desde os anos 1960, com antigas atitudes patriarcais.

"O fundamentalismo religioso aumentou e eles começaram a ter as mulheres como alvo. Eles querem que as mulheres fiquem em casa e não trabalhem", explicou-me por telefone alguns dias depois. Sadek me contou que tinha acabado de dar uma entrevista à BBC, mas sobre os protestos e a violência. Achou curioso eu procurá-lo para pesquisar sobre o tema do assédio. Disse que em 2011, durante a revolução egípcia, o assunto tinha mais destaque do que atualmente, depois de uma jornalista americana ter sido agarrada por uma multidão na Tahrir.

"Culturas machistas patriarcais não aceitam que as mulheres sejam iguais aos homens. Algumas mulheres estudaram e trabalham e alguns homens ficaram para trás. Então, uma maneira de tentar se vingar disso é chocar as mulheres e forçá-las a uma repressão sexual em qualquer lugar público", completou Sadek. Segundo ele, a falta de policiamento e de proteção reforçada às mulheres no Egito também contribuía para a situação.

* * *

Retornei ao albergue depois das 19h, quando a Tahrir já estava se esvaziando. Habiba, os amigos dela e outros jornalistas com quem eu tinha conversado antes, todos me aconselharam com veemência a não ficar na praça até muito tarde. Principalmente por causa do risco que eu corria sendo mulher. Era à noite que grupos de jovens costumavam tomar as ruas, em protestos violentos contra as forças de segurança. Geralmente apedrejavam prédios do governo, carregavam facas e coquetéis molotovs. Fui com Habiba até a estação de metrô e segui até o albergue sozinha.

Multidões de pessoas caminhavam em direção às principais avenidas e pontos de ônibus próximos, onde o trânsito circulava normalmente, para ir embora. Me perdi no caminho e uma moça simpática chamada Heba me indicou a direção certa; caminhei até o cruzamento seguinte conversando com ela, os dois irmãos e a mãe, que estavam juntos.

Já de volta ao meu quarto, vejo na internet que o Egito estampava as manchetes da grande imprensa internacional. Fiquei surpresa com o enfoque dado à violência; as fotos da mesma praça Tahrir onde estive só mostram fumaça de gás lacrimogêneo, jovens atirando pedras, pneus queimados. Enviei um e-mail para o pessoal da *Folha* sugerindo mandar um texto, como frila, sobre o meu dia na Tahrir. Eles aceitaram e passei o restante da noite redigindo uma reportagem exatamente com o mesmo conteúdo do que acabei de contar aqui. Fui dormir por volta da meia-noite exausta e ainda emocionada com a experiência de um dia tão rico em acontecimentos.

No dia seguinte de manhã, li um texto completamente diferente do que escrevi publicado no jornal. E assinado por mim. Como num passe de mágica horroroso, a violência e os nove mortos no país estavam em destaque, todos os meus parágrafos tinham sido editados e sobrou apenas uma das aspas ou frases de entrevistados. Também não fui consultada sobre nada disso. Um feito inédito nos mais de dois anos que escrevi para a *Folha*. Sempre contei com apoio e espaço na editoria de Mundo, onde trabalhei com alguns dos melhores jornalistas que já conheci no Brasil e tive a sorte de ter um chefe excepcional chamado Fabio Zanini, editor brilhante e generoso que nunca dizia não para uma boa sugestão de pauta e quando precisava mexer num texto sempre avisava o autor antes de publicar.

A escolha editorial do jornal foi seguir a linha do "espreme que sai sangue" das agências de notícias internacionais, independentemente do relato diferente de uma jornalista brasileira no terreno.

Perguntei ao jornal o que havia acontecido e expliquei que, nesses casos, preferia que não mantivessem meu nome em um texto que não escrevi. Eles concordaram e eu não escrevi mais para o jornal. Não valia a pena o pagamento de US$ 200 por matéria, em meio à situação de perigo em um local como o Egito, e sem uma garantia de que meu texto não seria transfigurado.

Pouco depois, li que o Sudão do Sul — ironicamente, um dos países com os piores índices econômicos e sociais da África — seria o primeiro país do mundo a adotar uma proposta da ONU para a segurança de jornalistas. Aprovado em abril de 2012, o "Plano de Ação para a Segurança de Jornalistas e a Questão da Impunidade" propõe diretrizes para que governos ajudem a proteger jornalistas.

Entre as medidas treinamento de segurança para os repórteres, aumento da segurança de jornalistas em áreas de conflito, proteção para jornalistas mulheres em resposta ao aumento de casos de assédio sexual e estupros e o incentivo à remuneração adequada para profissionais freelance (que não mantêm vínculo empregatício e vendem o material que produzem para tevês, jornais ou rádios). Tudo bastante óbvio, mas tremendamente importante e ainda em falta para jornalistas na maior parte do mundo, especialmente freelancers. Em 2012, a maior parte dos 28 jornalistas mortos cobrindo o conflito na Síria eram freelancers.[11]

Outro fato impressionante do 25 de janeiro de 2013 na Tahrir: na agenda da imprensa internacional (e, por consequência, na brasileira) tampouco estava o assédio às mulheres no país. Ainda que ONGs locais alertassem para a suspeita de que os ataques em grupo a mulheres estivessem sendo orquestrados e executados por forças próximas ao governo da Irmandade Muçulmana. Ainda que 19 mulheres tenham sido sexualmente atacadas na Tahrir. Ainda que uma jovem tenha sido atacada por um homem com uma faca, que fez cortes em sua vagina.

Mohamed El-Khateeb, 24, era ativista desde 2011 na ONG egípcia Harass Map, que registrava e mapeava casos de assédio no Egito. Ele atuava como voluntário com o grupo Operations Anti Sexual Harassment (OpAntiSH),

---

[11] Relatório de 2012 do Comitê para Proteção dos Jornalistas (CPJ): Journalists deaths spike in 2012 due to Syria, Somalia. *Committee to Protect Journalists*, 18 dez. 2012. Disponível em: <http://www.cpj.org/reports/2012/12/journalist-deaths-spike-in-2012-due-to-syria-somal.php>.

que tentava criar cordões humanos para impedir ataques a mulheres na Tahrir. Mohamed foi um dos responsáveis pelo resgate da jovem atacada com uma faca. "O que aconteceu na Tahrir aquela noite foi muito além do humanamente aceitável, para mim pessoalmente foi muito frustrante ser testemunha de tudo isso. E estar seguro por ser homem", ele contou.

Formado em Ciência Política na Future University do Cairo, ele se envolveu com a defesa dos direitos das mulheres após saber que sua própria irmã tinha sido assediada. Mohamed tem dois irmãos e duas irmãs. "Pessoas da minha família sofreram assédios agressivos e essa foi uma das razões que me tornaram mais sensível à questão. O que acontece no Egito é que os homens que não assediam mulheres, como eu, nunca vão saber do problema a não ser que uma mulher lhes conte. Porque não notamos o assédio nas ruas, estamos mais preocupados em ir ao trabalho, dirigir, estudar. Não percebemos isso a menos que algo grande aconteça. Se minha irmã não tivesse me contado que foi atacada, eu não teria me preocupado nem percebido que este é um grande problema no meu país, não saberia o que estava acontecendo", afirmou. "E, até 2010, a grande mídia nacional também só falava sobre o assunto quando algum episódio maior acontecia, não comentava o assédio diário que as mulheres sofriam", completou.

Mohamed contou em sua conta no Facebook o que viveu naquela noite. A jovem atacada com a faca é a terceira citada. O relato do jovem ativista foi compartilhado por centenas de pessoas:

Na noite de 25 de janeiro de 2013, eu era voluntário do grupo Operations Anti Sexual Harassment (OpAntiSH) em uma iniciativa para proteger manifestantes mulheres de ataques e assédios.

O primeiro incidente que eu vi foi uma garota sendo carregada para longe do assediador, para fora da multidão.

Ela estava inconsciente e cercada por muitas pessoas; muitas das quais infelizmente eu não tinha certeza se estavam genuinamente tentando ajudar ou não.

Alguns do nosso grupo conseguiram arranjar uma cadeira de plástico para ela. Eu tentei ao máximo manter as pessoas longe, pedindo aos passantes que formassem um círculo ao redor dela com suas costas de frente para a jovem, para lhe dar o espaço de que ela precisava.

Mais tarde, membros de nosso grupo carregaram a menina embora da praça.

O segundo incidente foi meu primeiro trauma: uma mulher estava sendo atacada por um grupo de homens e literalmente sendo esmagada no meio da multidão. Infelizmente, não vi nenhum membro de nosso grupo perto dela.

A mulher gritou "socorro" repetidas vezes em inglês. Embora eu supostamente fizesse parte do grupo de segurança que deveria acompanhar as vítimas depois dos ataques formando um círculo de proteção ao seu redor, decidi que a situação não era mais suportável e o tempo estava correndo: eu tinha que intervir imediatamente, mesmo se tivesse de mudar o plano e entrar na multidão sozinho.

Corri em direção à multidão, tentando me manter quieto e evitando qualquer briga. Quando finalmente cheguei até a mulher que estava sendo atacada, gritei alto: "Vá para o ventilador [um duto de ar num canto da praça, perto do qual as pessoas se refugiavam do aglomerado da multidão]." Tentei puxá-la para fora da multidão, depois virei minhas costas para ela e pedi que ela segurasse em mim.

O trajeto de volta ao ventilador foi caótico. Pessoas empurravam a mulher com força enquanto tentávamos chegar até lá. Em certo momento, pisei no tabuleiro de um vendedor ambulante, quebrei seus copos de chá de vidro e apressei o passo para a conturbada saída do metrô ali perto.

Alguém conseguiu puxar a mulher para longe da multidão. Essa foi a última vez que a vi na Tahrir.

Depois de alguns minutos, o aperta e empurra parou e eu pude subir de volta ao ventilador, depois que ficou menos lotado ali. Não consegui encontrar nenhum membro do nosso grupo e descobri depois de telefonar para um dos meus colegas que eles tinham se refugiado em um edifício na rua Talaat Harab, perto da praça Tahrir.

Quando cheguei ao local, grandes multidões tentavam invadir o prédio, e vi a maioria do meu grupo sendo empurrada e esmagada num portão de metal.

Então, vi uma menina de jaqueta preta com capuz sendo esmagada pela multidão na frente do prédio.

Ela estava gritando com toda a força de seus pulmões e precisava de ajuda. Pessoas tentavam puxá-la para longe da porta em direção à praça.

Quanto mais perto eu chegava da garota, mais eu sentia que era tocado. Alguém passou a mão na minha bunda e nos meus bolsos. Eu sabia que ele estava tentando me roubar e tentei afastar aquelas mãos de mim.

Outro homem começou a se encostar em mim, apoiou sua cabeça em meu abdômen e colocou a língua para fora, simulando que lambia meu peito.

Neste momento perdi a paciência, gritei, xinguei a multidão e comecei a bater em um dos homens que agarrava a garota com seus braços.

Alguém com um lança-chamas jogou fogo em cima de nós. Isso afastou a multidão um pouco e minutos mais tarde um grupo de pessoas conseguiu fazer a menina cruzar a porta e fechá-la.

Mas esse não foi o fim da história. Pessoas começaram a nos empurrar em direção à porta de metal, nos esmagando tanto que pensei que minhas costelas fossem quebrar.

Nosso grupo tentou se organizar em um semicírculo, de frente para a multidão e tentando afastá-la da entrada do prédio, de mãos dadas e de costas para o portão.

As pessoas começaram a nos bater com paus, outros tinham facas. Um homem com uma máscara preta avançou em minha direção com um canivete. Ele me deu um soco no peito, com a mesma mão que segurava o canivete. Primeiro, pensei que ele tivesse me esfaqueado, mas depois vi que não havia sangue.

O empurra e puxa continuou. Recebemos ajuda de dois seguranças de uma lanchonete da praça (pude identificá-los por seus bastões, capacetes e uniformes).

Aos poucos, o tumulto se dissipou.

Mas estariam os assédios piores durante a transição pós-revolução ou apenas a exposição deles na mídia e na sociedade civil é que cresceu? "Durante os 18 dias da revolução original em 2011, não houve um único caso de estupro ou assédio sexual na Tahrir. Embora nesses dias praticamente não houvesse policiais vigiando as ruas e o Cairo e as grandes cidades do país estivessem em estado de guerra (com tanques e o Exército nas ruas), não houve assédio algum na praça. Depois houve o episódio Laura Logan (correspondente da rede de tevê americana CBS vítima de ataque sexual em massa na Tahrir) e outros incidentes. O assédio sexual no Egito é socialmente aceito e é por isso que abusos continuam acontecendo. As pessoas não tratam o assunto da mesma maneira que tratam roubos, por exemplo. O assédio ainda não é condenado pela sociedade no mesmo grau, infelizmente", ele me respondeu em um inglês correto com pouco sotaque. Seu pai mora na Inglaterra e é separado de sua mãe egípcia. Mohamed nasceu na Arábia Saudita quando o pai trabalhava em Riad.

"No entanto, os ataques na Tahrir, especificamente, estão crescendo porque estão sendo usados como ferramentas por forças políticas. Não temos certeza se seria o governo, a Irmandade Muçulmana ou outros grupos, mas é definitivamente algo organizado e focado para inibir a participação das mulheres neste espaço público. Os ataques em grupos acontecem sempre durante manifestações organizadas pela oposição, nunca em protestos a favor do governo, isso é preocupante."

O que esperar desse momento de transição no Egito? "Esta é uma pergunta difícil. Talvez por causa dos incidentes na Tahrir no dia 25, eu esteja frustrado e mais pessimista do que o normal. Mas tenho esperança ao ver muitos jovens sem medo de lutar por seu futuro e por seus direitos, isso me inspira muito. Gente mais jovem do que eu protestando, sendo presa ou morta, lutando por um Egito melhor. Então, eu tenho esperanças, mas se essa situação continuar o Egito pode se tornar ainda pior", ele disse.

"Estou feliz que as pessoas estejam começando a ver as coisas de uma maneira mais crítica em relação ao governo. No início, era comum ouvir as pessoas defendendo a Irmandade Muçulmana, dizendo que eles tinham sido torturados e presos pelo regime Mubarak. Mas agora que demos a eles uma chance de governar e eles se mostraram tão ruins quanto o regime anterior, acho que as pessoas não vão votar neles de novo. E isso é uma coisa boa, mas no meio-tempo pessoas estão morrendo e o governo mantém forte controle sobre a sociedade civil", ele completou.

Mohamed virou voluntário da HarassMap em 2011, e um ano depois foi efetivado como assistente de projetos. Vários outros homens trabalham na organização. "Eu diria que a maioria das pessoas atuando na área de defesa das mulheres e no combate ao assédio são moderadas. Não diria que elas são seculares, porque isso é algo praticamente inexistente no Egito, mas elas são moderadas. As pessoas que atuam na sociedade civil egípcia, em geral, são mais moderadas, mais abertas a novas ideias", afirmou Mohamed.

A ONG foi fundada por uma americana chamada Rebecca Chiao, que fez mestrado em Desenvolvimento Internacional na John Hopkins School of Advanced International Studies (SAIS), em Washington. Ela se mudou para o Egito em 2004, casou-se com um egípcio e, desde então, trabalhou durante quatro anos e meio no Centro

Egípcio para os Direitos das Mulheres, antes de fundar sua própria entidade. Chiao também foi, ela própria, vítima de assédio no Cairo. Enquanto esperava uma amiga na entrada de uma estação de metrô, notou que um homem a observava intensamente. Logo depois, ele abriu as calças e começou a se tocar olhando para ela. Chiao contou sua experiência durante uma palestra, disponível no YouTube.

A proposta da HarassMap é acabar com a aceitação do assédio sexual no Egito. Para isso, eles criaram um site com um sistema anônimo de denúncia em que as mulheres vítimas de agressões podem registrar a ocorrência do abuso sofrido. Em seguida, elas recebem uma resposta automática com indicações de onde obter apoio policial, médico e psicológico, além de orientações sobre defesa pessoal. Os casos são mapeados e indicados em um mapa do Egito que é atualizado diariamente. Também é possível fazer denúncias enviando um SMS para 6069.

* * *

Depois de decidir que não escreveria mais para a imprensa brasileira, chinesa e paraguaia sobre o que acontecia no Egito, resolvi aproveitar meu tempo curto no país para fazer duas coisas: conhecer o Cairo e os egípcios e tentar entender a epidemia de assédio às mulheres no país. Impossível ignorar o assunto. Era muito chocante.

O plano era passar na El Abd, uma padaria sensacional perto do meu albergue, pegar um doce de pistache para viagem e rumar para o Costa Café mais próximo para tomar um cappuccino, ler um livro e depois encontrar Habiba e seus amigos.

A El Abd estava lotada, como sempre. Foi assim que descobri que ela era ótima. As pessoas literalmente se aglomeram na porta da entrada e lá dentro quase se estapeiam para pedir pães, doces árabes, bolos ou croissants. O segredo era saber o nome do pedido em árabe, fazer cara de paisagem para quem estava olhando estranho para meu All Star e calças jeans e seguir o movimento. Primeiro paguei no caixa e depois com uma fichinha retirei o pedido no balcão, me esmagando entre outras dezenas de pessoas aos berros. Fiz mímicas para explicar que queria o doce para viagem e deu tudo certo. O atendente parecia chocado, insistiu em me perguntar se eu queria apenas um. "Wahid?" Sim, sim, eu respondi em árabe sacudindo a cabeça afirmativamente para não deixar dúvidas. As pessoas saíam de lá com caixas de doces e sacos de pães.

Encontrei o Costa Café mais próximo no Google Maps e fui andando até lá. Ficava a menos de dez minutos de caminhada numa rua que desembocava na praça Tahrir. Na dúvida, ia perguntando a lojistas ou passantes pela direção certa. Incrivelmente gentis e solícitas, as pessoas no Cairo me explicavam o caminho em árabe, em inglês, faziam gestos e até me acompanhavam quando percebiam que eu não tinha entendido a orientação.

Próximo do local onde ficava o café, porém, comecei a ouvir sirenes. Uma ambulância passou veloz zunindo pela rua, exatamente na mesma direção que eu. Dobrei a esquina, as ruas estavam vazias. Continuei andando e só vi homens, lojas de mecânica e autopeças fechadas. Aquilo não cheirava bem. Outra esquina, e quando olhei à direita vi a quase 500 metros um monte de jovens, gás lacrimogêneo para todo lado e uma ambulância. A dois passos estava o Costa Café. Vazio e fechado. "Não estamos funcionando hoje por causa dos protestos. A coisa está feia desde a madrugada aqui", me contou um funcionário que saía apressado dali, depois de descer uma grade de ferro sobre a vitrine do café. Passo por um prédio da Universidade Americana do Cairo e vejo as janelas quebradas e alguns sinais de incêndio.

Eu não sabia naquele momento, mas a rua Mohamed Mahmoud, onde ficava o café, era onde se reuniam centenas de jovens manifestantes notoriamente violentos. Eles jogavam pedras e incendiavam prédios do governo e carros da polícia.

No meio do caminho, tinha um protesto. Era difícil, afinal, fazer um pouco de turismo no Cairo nesses novos tempos de muito tumulto. Frustrada, segui de volta para o metrô. Dava tempo de conhecer a área cristã copta do Cairo antes de ir a um show de dança sufi com Habiba.

Depois de alguns passos retomando o mesmo caminho da ida, notei que um homem de preto e óculos escuros me seguia. Devia ter menos de 18 anos. Parei em frente a uma loja de eletrônicos e fiquei olhando a vitrine. Ele continuou parado, na calçada em frente, me olhando e falando ao celular. Cansei de brincar de pega-pega e passei a encará-lo. A técnica seria vencê-lo pelo cansaço. Ele deu meia-volta, seguiu até a esquina e continuou me olhando de lá. E eu olhando para ele. Seria romântico, se não fosse patético. Ele passou de novo na minha frente e seguiu para a esquina oposta. Continuei encarando e a cena se repetiu por quatro vezes. Até que ele finalmente sumiu e saí andando rápido para o metrô mais perto.

Desci na estação Mar Girgis, num trecho onde o metrô não era subterrâneo. Fazia sol e o céu estava muito azul. Após cruzar a catraca e descer as escadas, avistei a Igreja de São Jorge, o museu copta e a Igreja Suspensa, construída sobre as ruínas de uma fortaleza da Babilônia romana e onde a Sagrada Família (Jesus, Maria e José) teria se refugiado durante a fuga para o Egito.

Toda essa região ficava no Cairo Velho, área de becos estreitos que é lar da comunidade copta. Uma das mais antigas do mundo cristão, a Igreja Ortodoxa Copta foi estabelecida entre 40 e 60 d.C. pelo apóstolo são Marcos. Nesta época, Roma governava o Egito e Nero era imperador. A religião era proibida e os cristãos, perseguidos.

Acredita-se que os primeiros cristãos coptas do Egito eram judeus, sobretudo de Alexandria, cidade costeira onde hoje vive a maioria dos quase 12 milhões de coptas do país — que representam 10% da população total ou a maior minoria religiosa do Egito. Os coptas usam o calendário juliano, o Natal cai em 7 de janeiro e os ritos e missas ainda são celebrados em copta.

O Egito deixou de ser um país católico e se tornou majoritariamente muçulmano no século XII, após o avanço do islamismo na região. Desde então, são registrados episódios de conflitos entre os dois grupos religiosos, que pioraram no século XX.

Igrejas, monastérios e casas coptas foram incendiados nos anos 1980 e 1990, e extremistas islâmicos mataram ao menos 127 coptas, segundo dados do Departamento de Estado dos Estados Unidos e da ONG Human Rights Watch.

Desde a queda de Mubarak, 24 coptas foram mortos, duzentos feridos e três igrejas incendiadas, segundo o jornal *New York Times*. Os coptas se dizem preteridos e marginalizados pelo novo governo democrático no Egito. Os colégios ensinam o islamismo, as conversões de muçulmanos para o cristianismo não são reconhecidas pelo Estado e os crimes e agressões a cristãos raramente são julgados ou punidos no país.

"Nós participamos dos protestos, ajudamos a derrubar o ditador [Mubarak], e mesmo assim o governo novo de Morsi não acolhe os coptas. A Irmandade quer fazer do Egito um Estado muçulmano", me disse o copta de nome Ezzat, que era o recepcionista do albergue em que me hospedei. Educadíssimo e bem-humorado, Ezzat era gordo, careca, de óculos, com cerca de 40 anos. Foi quem me ajudou a chegar a todos os pontos que visitei no Egito. Ele conhecia todos os caminhos e as opções mais em conta para fazer os passeios turísticos. Desenhava num pedaço de papel pequenos mapas e nomes em árabe para eu perguntar pelos locais, caso me perdesse.

Uma das cenas mais comoventes durante os protestos de 2011 que derrubaram Mubarak foi quando dezenas de cristãos fizeram um círculo de mãos dadas em torno de um grupo de muçulmanos que rezavam ajoelhados no meio da praça Tahrir. Os cristãos tentavam proteger os muçulmanos de ataques da polícia. A cena foi filmada por passantes com celulares e por tevês locais.

* * *

De noite, havia outro protesto no meio do caminho. O show de dança sufi foi cancelado por causa de uma marcha organizada pela oposição. Ela sairia justamente do Cairo Velho em direção à Tahrir. Eram esperados novos confrontos com a polícia e o clima era tenso no país. Estradas e ferrovias tinham sido bloqueadas no sul, e o Exército foi enviado a Port Said, Suez e Ismaília, onde também foi declarado toque de recolher a partir das 18h.

No dia seguinte, mais um protesto, interrompendo o caminho de uma entrevista. Tentei chegar a pé a uma área chamada Garden City, localizada a cerca de quinze minutos da Tahrir. Tinha combinado de me encontrar ali com a ativista Nihal Saad Zaghloul para conversar mais sobre o assédio às mulheres no Egito. A praça, porém, estava fechada para circulação de pedestres e carros. Numa avenida próxima, peguei um táxi. Ao circular as ruas que margeavam o rio Nilo naquela altura, vi barricadas de policiais, prédios queimados e carros destroçados. O motorista sacudia a cabeça negativamente, em sinal de reprovação. "Que horror! Agora o Egito é só isso, briga, confusão", continuou exclamando até chegarmos ao local onde eu saltaria.

Encontrei o prédio onde Nihal trabalhava com a ajuda de um moço na rua que me levou até lá depois que lhe mostrei o endereço. Não era a primeira vez que isso acontecia comigo no Cairo. Os egípcios podiam ser de uma generosidade realmente impressionante.

Aos 27 anos, Nihal era uma jovem determinada a mudar seu país. Desde 2009, trabalhava oito horas por dia como a responsável de TI em uma organização chamada Solyia, que promovia intercâmbio on-line de jovens do Oriente Médio e da África com jovens europeus e americanos. Toda a troca de experiências, conhecimentos e percepções acontecia em salas virtuais onde um grupo de alunos se reunia para discutir um determinado tema (do conflito Israel-Palestina até o 11 de Setembro, por exemplo). Um facilitador mediava os debates, que faziam parte do currículo dos cursos universitários dos participantes.

Durante a revolução de 2011 no Egito, Nihal participou ativamente dos protestos para derrubar Mubarak. Em junho de 2012, ela e uma amiga sobreviveram a um ataque sexual na Tahrir. Nihal conseguiu escapar ilesa, mas a amiga foi despida, agredida e estuprada. Um mês depois, Nihal decidiu criar a Imprint Movement para combater o assédio. No início de 2013, a ONG contava com cinquenta membros e trezentos voluntários. Eles realizavam campanhas no metrô e nas ruas, distribuindo folders e panfletos e conversando com as pessoas sobre a importância de condenar o assédio.

A presença de membros da ONG em espaços públicos também buscava evitar ataques e assédios. Uma vez por semana, realizavam patrulha no metrô e no centro do Cairo e, em três dias, já chegaram a prevenir quarenta casos de ataques ou assédios a mulheres. Os voluntários realizavam as patrulhas uniformizados com camisetas azuis ou coletes de cor laranja da associação.

Segundo Nihal, a maioria dos homens abordados dizia que a culpa do assédio era das mulheres. Seja por não usarem véu ou por usarem roupas coloridas ou estarem de maquiagem ou falarem alto, todos esses atos vistos como uma "forma de chamar a atenção" dos homens. A partir dessa conversa inicial, os voluntários da Imprint tentavam dialogar mais, mostrando que o comportamento de assediar ou se calar sobre um assédio era pouco cidadão e pouco islâmico. Os argumentos-chave variavam em torno de: "Poderia ser sua filha", "Este tipo de comportamento afasta os turistas estrangeiros" ou "O Corão prega o respeito à mulher". Nihal explicou que a abordagem religiosa ou não para o assunto era dada de acordo com o perfil da pessoa com quem conversavam.

"Os assediadores são a minoria. Mas o problema é que a maioria dos homens testemunha os assédios em silêncio. E, sem qualquer resposta do governo para deter os homens, fomos do falar para o tocar e agora estuprar. Isso está acontecendo na praça Tahrir para afastar as mulheres do espaço público", afirmou.

Ela usava óculos com aros pretos, moletom com capuz e véu. Era morena, tinha um sorriso bonito e um piercing no nariz. Falava um inglês perfeito cheio de gírias americanas. Conversou comigo na sala em que trabalhava. Enquanto eu tomava notas depois das perguntas, ela teclava rápido no computador à sua frente ou checava o smartphone ao lado na mesa.

Segundo Nihal, o saldo dos dois anos da revolução egípcia era uma sociedade que falava mais sobre o assédio, mas que continuava fazendo pouco. "Mais mulheres estão falando sobre o assunto em público, elas não têm mais medo de levantar suas vozes. A classe média está mudando e o acesso à internet também está levando as mulheres a verem o valor que têm. Depois da revolução, isso se tornou mais comum e até está na moda na tevê local. Todo canal tem algum debate passando. Mas muitas mulheres ainda têm medo de sair de casa e até de ir trabalhar por causa dos assédios, e elas são 50% da população do Egito. Isso afeta até a economia do país", afirmou.

Nihal defende um policiamento mais ostensivo para a proteção das mulheres e o aumento de movimentos sociais para combater o assédio. "Os movimentos feministas no Egito estão lutando uns contra os outros agora, não estão trabalhando juntos. E a Irmandade Muçulmana e os salafistas não veem as mulheres como parte da sociedade", explicou ela.

"O futuro sombrio seria virarmos uma selva. Os homens assediam como forma de poder. E, em resposta, agora muitas mulheres começaram a ter aulas de defesa pessoal ou a andar armadas com facas. Não se pode responder à violência com violência. A educação é a outra opção. Mas o sistema de educação e a vida no Egito estão voltados para o aqui e o agora. Mulheres com quem conversei em áreas rurais pobres do Egito não querem saber das mudanças na Constituição, querem uma cortina no banheiro comunitário da vila para poderem tomar banho com privacidade", afirmou Nihal.

Formada em engenharia, ela queria fazer mestrado em educação fora do Egito, se conseguisse uma bolsa de estudos. Depois voltaria à sua terra natal para partilhar o que aprendeu e trabalhar na área. Tinha horror à ideia de entrar na política ou de obter um diploma em direito. "Os políticos estão desconectados dos jovens, só querem saber de acordos. A educação é o caminho para conscientizar uma sociedade, as leis não podem resolver comportamentos sociais aceitáveis, como o assédio", acrescentou.

Nihal era filha única. Contou que sua família se orgulhava dela, mas ainda assim o debate sobre assédio e sexualidade no Egito era tabu. "Minha mãe me apoia muito, mas às vezes brinca perguntando por que tinha que ser justamente eu quem tinha que falar sobre sexo na tevê ou em entrevistas. Agora tento usar palavras mais bonitinhas quando apareço em público, não digo por exemplo 'ele agarrou a minha bunda'", contou ela rindo.

Nihal via um futuro melhor para o Egito, mas ainda longe. "Parece que estamos dando os primeiros passos para a democracia. Depois de trinta anos de ditadura, é claro que seis meses de um novo governo não é suficiente. As coisas não vão mudar da noite para o dia, mas os egípcios comuns estão esmagados no meio do tumulto da transição que vivemos. A Irmandade quer mandar e a oposição só reclama, parecem crianças. Há muitas mulheres levantando suas vozes, há esperança. Mas, numa sociedade onde as mulheres são oprimidas, não existe democracia. Os homens não podem lutar sozinhos por um Egito melhor, nem as mulheres. Temos que nos unir. Sonho com um país diferente em cinco anos, mas provavelmente vai demorar mais de dez anos", disse ela suspirando.

A educação é um direito garantido por lei no Egito. Dados de 2010 da ONU indicavam que cerca de 72% dos egípcios eram alfabetizados, sendo 80,3% dos homens e 63,5% das mulheres. Porém, estimava-se que 80% das mulheres eram analfabetas nas áreas rurais.

Nas zonas rurais do país, os casamentos precoces contribuem para o analfabetismo feminino. Segundo o Egyptian Center for Women's Rights, é comum que as famílias tirem suas filhas da escola quando elas têm 13 ou 14 anos para casá-las com pretendentes mais velhos.

A maioria dessas mulheres também não possui certidão de nascimento, carteira de identidade ou título de eleitor. Os pais geralmente não registram as filhas porque o processo é burocrático e custoso. Muitos julgam que as meninas não valem o esforço porque não são vistas como potenciais fonte de sustento da família. A história de sucesso de Dina Abouelsoud era exceção. Ela foi a pessoa que conheci no Egito que mais me impressionou.

* * *

Aos 37 anos, Dina Abouelsoud tinha realizado um feito de proporções faraônicas no Egito contemporâneo: era a única mulher egípcia proprietária e administradora de um hotel no Cairo. Algumas mulheres são donas de negócios no país, mas geralmente deixam o controle a cargo de homens da família, leiam-se o marido, filhos ou irmãos. A competição é ferrenha no setor e os homens controlam a maior parte dos negócios.

Cheguei até seu albergue, o Dina's, num dia de tarde. Ficava no centro, perto do albergue onde eu estava me hospedando. Um local fácil de encontrar, mas com uma entrada escondida numa viela estreita, entre um prédio marrom e uma padaria de paredes vermelhas. Apenas uma pequena placa indicava o hotel. Passei direto duas vezes, antes de notar os dizeres.

Na recepção, enquanto esperava Dina chegar, recebi um copo de água da atendente Jamila. Jogando conversa fora enquanto preparava um café na cozinha logo ao lado, ela me disse que o albergue estava bem vazio, comparado com antes da revolução de 2011. Quando descobriu que eu era brasileira, pediu para eu escrever algumas frases em português num pedaço de papel. Ela tinha ficado amiga de um brasileiro-canadense que se hospedara ali havia pouco tempo. Ele fazia aniversário justamente naquele dia e ela queria lhe escrever uma mensagem de parabéns no Facebook, em português. Demos risada da coincidência.

    Em seguida, uma jovem loira bem pequena e bonita, que lia um livro num outro sofá da sala, puxou conversa. Ela me perguntou com um forte sotaque americano se eu iria entrevistar Dina. Respondi que sim e contei que era jornalista, brasileira e escrevia um livro sobre a Primavera Árabe. Ela me disse que estava pesquisando sobre a epidemia de assédio no Egito e que não falava árabe. Concordamos rapidamente que a situação era dramática no país. E eu fiquei imaginando como o Cairo devia ser ainda mais duro para ela do que para mim. Seus olhos muito azuis e os cabelos bem loiros, com franja curta, eram como um outdoor de néon brilhando para qualquer um ver: estrangeira, estrangeira! Ela logo se despediu, estava de saída. Colocou um casaco esportivo por cima da calça de brim larga, um lenço em volta do pescoço e um inacreditável gorro preto de lã na cabeça. Estava pronta para a neve que não caía lá fora. Fazia cerca de 20°C de dia no inverno do Egito. Suspirei. Era triste ver uma mulher ocidental ter de se esconder para sair às ruas do Cairo.

    O islamismo prega o vestir-se com discrição tanto para homens quanto para mulheres, assim como comunidades judias ortodoxas ou diversos grupos africanos. A modéstia nos trajes é algo comum na maior parte do Oriente Médio e da África — onde as pessoas, por exemplo, andam de terno e manga comprida no verão e vão de calça para a praia, até no Quênia, um país majoritariamente cristão. Mas o que me incomodou foi o fato de as mulheres no Egito terem de "se cobrir" em espaços públicos para se proteger. Não era em respeito aos costumes locais ou às tradições. Era explicitamente uma maneira de tentar evitar um assédio ou um ataque sexual, ameaças concretas à segurança de uma mulher no país.

* * *

Quem me contou sobre o Dina's Hostel foi uma colega brasileira dos tempos de estágio na agência italiana Ansa, Paula Carvalho. Ela tinha me mostrado um artigo na internet sobre Dina e seu albergue. Paula chegaria ao Egito com o namorado e um amigo dali a uma semana e estávamos trocando informações, pelo Facebook, sobre a evolução dos protestos e dicas logísticas no país. Ela tinha decidido se hospedar no Dina's depois de saber da história de sua proprietária. Era realmente uma história extraordinária.

Dina tinha trinta e sete anos quando a conheci. Cabelos enrolados na altura do queixo, morena, grande, de sobrancelhas grossas e olhos vivos. Decidiu abrir seu próprio albergue em 2010, depois de anos trabalhando em outros hotéis do Cairo e de Sharm El-Sheikh. Saíra de sua cidade natal, Alexandria, nos anos 1990 para trabalhar como guia turística. Mas fez de tudo um pouco, foi recepcionista, telefonista, garçonete e gerente. Só agora conseguira ter tempo e recursos para cursar uma faculdade e se formar como guia de turismo. Fazia aulas na Ain Shams University de noite e gerenciava o albergue de dia. Morava num apartamento um andar acima no mesmo prédio.

"Queria ter virado documentarista, mas acabei trabalhando com turismo, porque sou boa nisso e porque não tinha dinheiro para estudar cinema", ela me contou. Conversamos no sofá grande da sala de espera do albergue, que era pequeno e simples, mas tinha uma decoração de bom gosto, era organizado, barato e com funcionários extremamente simpáticos. Tapetes, almofadas coloridas, quadros modernos, flores e plantas davam ao ambiente um ar acolhedor.

Elogiei o espaço. "Sabe o que os gerentes de hotel aqui no Cairo diriam? Arranje umas flores de plástico. Para que se importar com isso?", ela disse, rindo.

"Este é o albergue número 1 do Cairo porque damos aos clientes algo que ninguém mais dá: serviços diferenciados, hospitalidade e honestidade", explicou Dina. Em 2013, o albergue apareceu no renomado guia internacional de viagens *Lonely Planet* como a melhor opção de estada na capital egípcia. Para fazer o ranking, o guia avalia pessoalmente o albergue e também se baseia nas impressões de pessoas que se hospedaram no local.

O espaço começou com quatro quartos, agora são dezoito e o albergue ocupa quase todo o andar. Para abrir as portas, Dina pegou dinheiro emprestado com um amigo e usou suas economias.

"No começo, quando abri o lugar, as pessoas me diziam *mabrouk* [parabéns]. Depois perguntavam: E quando é que você vai arranjar um marido para dirigir o hotel?", contou ela. A reação dentro da própria família tampouco foi animadora. A mãe de Dina entrou em pânico, imaginando que a filha não daria conta, teria problemas financeiros ou acabaria na cadeia. Dina preferiu manter a empreitada em segredo do resto dos parentes até que o negócio tivesse se estabelecido.

No primeiro ano de funcionamento, o albergue estava diariamente lotado. Quando um apartamento vizinho grande ficou vago, ela não teve dúvidas, comprou o imóvel e ampliou. Era janeiro de 2011, justamente quando começou a revolução egípcia e os turistas estrangeiros desapareceram.

Durante os protestos, Dina fez de seu albergue um abrigo para os manifestantes. Ela saía toda noite para protestar contra a ditadura de Mubarak na praça Tahrir, a cerca de quinze minutos de caminhada dali. E toda noite trazia de volta para "casa" pessoas que precisavam de ajuda. Aos poucos, o albergue foi ficando conhecido entre os revolucionários como um local seguro. "Eu não dizia para as pessoas na rua que tinha um hotel, só dizia que morava ali perto no centro e que poderia ajudar quem precisasse de um banho, comida e um teto para dormir. Tinha receio de que a polícia pudesse fechar meu albergue. Depois de um tempo, tinha tanta gente aqui que chegaram a dormir quinze pessoas num quarto uma vez", recordou Dina.

As pessoas também tinham medo de se reunir em suas casas para discutir política ou organizar protestos. Dina ofereceu seu espaço aos mais diversos membros de ONGs e movimentos locais, que prontamente aceitaram. Dois anos depois, as reuniões políticas, mostras artísticas e exibições de filmes acontecem com regularidade no hotel. Desde então, o Dina's Hostel se tornou reconhecido como um albergue que tem as portas abertas a viajantes e revolucionários do mundo todo. "Qualquer um que queira vir à praça Tahrir protestar pode vir que terá onde se abrigar", disse ela.

Até o final de 2013, Dina planejava abrir um hotel três estrelas no centro do Cairo. Tinha pensado primeiro em abrir filiais do Dina's em outras cidades turísticas do Egito, como Alexandria e Luxor.

* * *

"Mas e o que mudou no país com a queda de Mubarak?", perguntei a Dina. "Não vejo mudança alguma. Talvez antes as pessoas tivessem medo da polícia e agora elas estejam mais violentas. As ONGs não estão mais dentro de escritórios, os movimentos sociais ganharam as ruas, são mais de raízes, há mais ativistas entre os jovens", afirmou ela. "Mas a Irmandade Muçulmana no poder é pior do que Mubarak, porque não ouvem a população, a sociedade civil. O plano deles é controlar o país; as coisas aqui podem ficar como no Irã. A única saída são novas eleições e a queda da Irmandade. Mas eles não vão deixar o poder com facilidade", continuou ela.

Segundo Dina, os movimentos feministas pressionavam o governo Morsi sem sucesso. "Eles não ouvem nada. Para eles, direitos das mulheres significam que a mulher tem direito de ser mãe, de ter uma família, de se casar aos 9 anos de idade", afirmou.

Após a queda de Mubarak, ela pensava em concorrer às eleições parlamentares como deputada no Cairo. "Mas depois vi que o velho regime continuava no poder. Não seria uma competição justa conseguir apoio de eleitores em meio a um sistema corrupto, onde práticas como a compra de votos ainda são comuns", explicou.

"Os egípcios em geral são boas pessoas e querem ajudar a mudar o país, mas não conhecem coisa melhor do que Mubarak ou a charia. As alternativas não são muitas. E as pessoas estão preocupadas com coisas do dia a dia, com o dinheiro do pão, do café", disse Dina.

Encerramos a entrevista e me despedi, torcendo para Dina entrar para a política. Apesar do momento social tumultuado no país ou talvez justamente por causa dele, acreditei que ela teria muito com o que contribuir para o futuro de seu país.

Segundo um relatório sobre a condição das mulheres no Egito em 2012 elaborado pela ONG Egyptian Center for Women's Rights e divulgado em janeiro de 2013, a porcentagem de mulheres parlamentares caiu de 12,5%, em 2010, para 2% em 2011. No chamado "Parlamento da Revolução", que tomou posse após a queda de Mubarak, havia apenas cinco mulheres de um total de 180 membros do Conselho Shura. A situação de grave deterioração da participação feminina no governo colocou o Egito em 128º lugar entre 131 países no ranking internacional de 2012 do Fórum Econômico Mundial sobre direitos políticos e civis das mulheres.

Nas ruas do Egito, a situação também piorou para as mulheres. Em dezembro de 2012, o Ministério do Interior do Egito anunciou que iria aumentar as patrulhas policiais no país para combater o assédio sexual às mulheres. Também seriam instaladas câmeras e mais policiais seriam destacados para "garantir a imediata captura de assediadores", conforme afirmou na época o Conselho Nacional para as Mulheres (NCW, na sigla em inglês). Até o início de 2013, nenhuma das promessas tinha sido cumprida.

O Conselho foi fundado em 2000, ainda nos anos Mubarak, como um órgão autônomo ligado à Presidência do Egito. Oficialmente, tinha como objetivo empoderar as mulheres nas esferas econômica, social e política. Mas até 2011 era liderado pela primeira-dama, Suzanne Mubarak, e, na prática, ficou mais famoso pelas luxuosas recepções organizadas pela esposa do presidente do que pelas leis e políticas que ajudou a aprovar. "Não era um órgão independente de maneira alguma, estava completamente aliado ao regime. Mesmo com algumas melhorias que promoveu, não é possível dizer que foi responsável por grandes avanços nos direitos das mulheres porque estava alinhado com uma ditadura", afirmou a egípcia Dina Wahba, pesquisadora de Estudos de Gêneros na School of Oriental and African Studies, em Londres.

Entre as melhorias, estão a emissão de carteiras de identidades para mulheres sem documentação nas áreas rurais do país; uma lei permitindo o divórcio *khul* (direito que uma mulher muçulmana tem de se separar do marido se pagar de volta a ele o valor de "dote" desembolsado com o casamento) e a proibição da circuncisão feminina. Com a subida da Irmandade Muçulmana ao poder, o Conselho estava sendo "sequestrado" e perdia influência política. "Logo depois da revolução, o NCW foi rapidamente desmantelado e novas pessoas foram nomeadas. Estava funcionando bem, até a Irmandade Muçulmana reestruturá-lo só com líderes da própria Irmandade. Havia uma esperança de mudança no começo, mas agora ela acabou e o NCW é novamente um órgão alinhado com o regime", explicou Wahba.

Segundo ela, a Irmandade tampouco estaria seguindo a linha do feminismo islâmico em relação ao direito das mulheres. "O partido está ignorando e negligenciando completamente a questão das mulheres. O feminismo islâmico está tentando buscar avanços feministas dentro de um contexto islâmico, mas a Irmandade não está fazendo isso, eles estão retrocedendo no tema", acrescentou Wahba.

O principal fórum dentro do governo Morsi para o debate da situação das mulheres no Egito se tornou o Comitê de Direitos Humanos do Conselho Shura. No início de fevereiro de 2013, o órgão discutiu o aumento dos assédios durante protestos e chegou à conclusão de que a culpa era das mulheres que tinham se colocado em risco ao participar da manifestação. Também acusaram as manifestantes de prostituição, sugeriram que abandonassem os protestos até poderem garantir a própria segurança e defenderam protestos separados só para mulheres. Participaram da reunião membros do partido governista Liberdade Islâmica e Justiça e dos salafistas Al Asala e Al Nour.

O conhecido líder salafista Ahmed Mohammed Abdullah defendeu que o estupro e o assédio sexual a mulheres na praça Tahrir era justificável já que "elas vão até lá para serem estupradas, 90% delas são cruzados [guerreiros cristãos que lutaram contra os muçulmanos na Idade Média] e os 10% restantes viúvas que não têm ninguém que as controle".

Porém, para outro religioso egípcio, o xeque Musa Furber, seria anti-islâmico culpar a vítima pelo abuso sofrido. "Mesmo se uma mulher nua estivesse desfilando pela Tahrir com um cartaz dizendo 'me estupre', seria um pecado e um crime fazê-lo", escreveu ele em artigo publicado no jornal *Daily News Egypt*.

"Uma explicação popular para o assédio é que as mulheres são responsáveis por ele, já que se diz que elas usam trajes imodestos e têm comportamento provocador. Muitos religiosos adotaram esta explicação, divulgando discursos e panfletos advertindo as mulheres a se vestirem com discrição se não quisessem ser estupradas. Esta explicação é falsa porque ignora vários fatos: hoje, a maioria das vítimas está completamente coberta; a epidemia de assédio não existia nos anos 1960 apesar da popularidade de minissaias e mangas curtas; e — o mais importante —, independentemente da maneira como a mulher está vestida, os homens devem manter seus comentários e elogios para si mesmos, devem se comportar. Já era ruim o bastante quando o assédio era justificado por indivíduos. Mas quando autoridades públicas fazem qualquer coisa menos condenar o assédio, ele se torna ainda pior", completou ele.

Em protesto ao aumento dos assédios e ao tratamento dado ao assunto pelo governo, foi marcada para o dia 12 de fevereiro de 2013 uma marcha internacional condenando o assédio sexual. Milhares de manifestantes protestaram nas ruas do Cairo e em frente a embaixadas do Egito pelo mundo. Acompanhei as cenas pela tevê, já de volta ao Brasil. Minha surpresa foi reconhecer no meio da multidão a jovenzinha americana loira de gorro de neve que conheci no Dina's Hostel.

* * *

Era fácil perceber que a sociedade egípcia estava se tornando mais conservadora e religiosa após a revolução de 2011. E era fácil também para ocidentais como eu achar que o islamismo era uma ameaça aos direitos das mulheres. Um grande engano.

Por todo o mundo islâmico (que não é necessariamente árabe e se estende do norte da África até a Europa e a China),[12] são muitos os exemplos de mulheres ativamente envolvidas na vida política e social de seus países. Entre elas, estão a ex-primeira-ministra do Paquistão Benazir Bhutto, a ex-presidente da Indonésia Megawati Sukamoputri e a ex-primeira-ministra da Turquia Tansu Çiller. No Egito, era a sociedade patriarcal machista que ameaçava os direitos das mulheres, não o islamismo. Outra prova disso são os movimentos feministas com fortes raízes sociais no país.

Berço do feminismo no mundo árabe nos anos 1920, o Egito é referência até hoje em estudos sobre o tema. No livro *Feminism in Islam: Secular and Religious Convergence* (Oneworld, 2009), a pesquisadora americana Margot Badran explica que historicamente as mulheres muçulmanas criaram dois tipos de feminismo, o "feminismo secular" e o "feminismo islâmico": "É importante, porém, observar imediatamente que esses dois feminismos nunca foram entidades herméticas [...]. Durante minhas pesquisas e interações em diversas partes do mundo muçulmano

---

[12] Em 2013, o Islã era a religião predominante no Oriente Médio, no Sahel, no chifre e no norte da África e em algumas partes da Ásia. Grandes comunidades de muçulmanos também são encontradas na China, nos Bálcãs e na Rússia. Segundo o Pew Research Center, o maior país muçulmano é a Indonésia, que abriga 12,7% dos adeptos da religião no mundo. Em seguida, aparecem Paquistão (11%), Índia (10,9%) e Bangladesh (9,2%). Cerca de 20% dos muçulmanos do mundo vivem em países árabes.

desde os anos 1990, observei como os feminismos secular e islâmico têm estado em conversação construtiva e como uniram forças em campanhas ativistas."

Primeiro, as mulheres egípcias muçulmanas e cristãs coptas se uniram sob a bandeira do feminismo secular. Era o início do século XX e a África e o mundo árabe viviam lutas de independência e o surgimento do nacionalismo. Já o feminismo islâmico surgiu no final do século XX, em um momento de avanço dos movimentos políticos islâmicos.

Segundo Badran, o feminismo secular é um modelo de feminismo localizado dentro do contexto de um Estado-nação secular, composto de cidadãos igualitários, independentemente de afiliação religiosa. "Desde o início, o feminismo secular era orientado para a ação, para o engajamento na militância política e social. De fato, ele surgiu como um movimento social", escreveu.

O feminismo islâmico, ao contrário, está inserido na realidade de um Estado islâmico ou de um Estado secular que tem o islã como religião oficial. Ou seja, está preocupado com o papel da mulher no islã e busca a igualdade entre todos os muçulmanos, na vida pública e privada. As mulheres participantes desse movimento tentam trazer à tona os ensinamentos de igualdade existentes na religião, encorajando um questionamento da interpretação patriarcal do islã feita a partir do Corão, com o intuito da criação de uma sociedade mais justa e igualitária.

"Os dois feminismos, o secular e o islâmico, abordavam a igualdade de gênero de formas diferentes no Egito. O feminismo secular insistiu na implementação da igualdade de gênero na esfera pública, enquanto concordava com a noção de complementaridade de gêneros na esfera privada ou no domínio da família [...]. Já as feministas islâmicas defenderam a igualdade de gêneros dentro da porção religiosa da esfera pública — isto é, nos rituais e celebrações religiosos nas mesquitas [...]. O feminismo islâmico é uma empreitada intelectual para articular um modelo coerente de um islã igualitário", explica Badran.

* * *

No meu último dia no Egito, acordei cedo para aproveitar ao máximo o dia. Meu voo de volta para Beirute saía por volta das 21h, mas como tinha de estar no aeroporto com duas horas de antecedência e o trânsito no Cairo era sempre caótico, me preparei para sair do albergue por volta das 16h.

O plano era fazer um tour vapt-vupt nas pirâmides de Gizé e tomar um café rápido com João Paulo, um brasileiro de 20 e poucos anos que trabalhava como voluntário para uma ONG egípcia que assistia refugiados, antes de partir de vez do Cairo.

Optei pelas "pirâmides roots". Em vez de ônibus de excursão para turistas gringos, motorista ou táxi, fui de metrô. Sim, há uma estação no Cairo chamada Giza (o mesmo que Gizé, em inglês). Ficava a cerca de 30 minutos da estação mais perto do meu albergue no centro. Era a parada mais próxima das pirâmides, mas de lá ainda era preciso pegar um táxi. Na saída do metrô, um garoto de uns 17 anos me olhava insistentemente. Passei a catraca da saída, ele atrás, desci as escadas, ele atrás. Apressei-me e desci o restante da rampa mais rápido para despistá-lo.

Na rua, vi um táxi branco quase caindo aos pedaços e não hesitei. Abri a porta e entrei, não tinha tempo para me aborrecer com tarados e não ia deixar de ver as pirâmides de jeito algum.

Mais vinte minutos e mais dez de engarrafamento e cheguei ao complexo onde ficam as pirâmides de Gizé. No meio do caminho, o motorista saiu da via principal e começou a entrar no meio de umas vielas vazias. Ele não falava uma palavra de inglês. E meu árabe não dava para perguntar se ele pretendia me sequestrar ou me matar. Suspirei esperando pelo melhor e com a mão na maçaneta, em último caso eu sairia correndo. O motorista encostou o carro e outro homem vestido de beduíno (túnica branca e lenço vermelho na cabeça) se aproximou sorridente. Era um amigo do motorista de táxi, que num inglês quebrado tentou me convencer a passear pelas pirâmides de camelo. "La, shukran", agradeci negando em árabe. "E de cavalo?", ele ofereceu. "La, la, shukran", eu repeti. "Charrete, pônei?", insistiu. "Da próxima vez, meu amigo! Obrigada. Yalla, bye!", me despedi antes que ele me oferecesse uma cabra ou um jumento. Era tão impressionante quanto cansativa a capacidade dos egípcios de tentar fazer negócio ou ganhar algum dinheiro, com qualquer coisa. Acho que o nome disso era desespero.

Na entrada das pirâmides, a mesma coisa: barracas com mil tipos de papiros falsos, bonecos em forma de camelos, miniaturas das pirâmides, miniaturas das múmias. Quando saltei do táxi, um homem chamado Mohamed abriu a porta para mim. Era simpático e falava inglês, queria ser meu guia. Eu disse que não precisava. "Mas quem vai tirar as suas fotos com as pirâmides, se você está sozinha? Eu posso acompanhá-la e contar mais sobre as pirâmides. No final, se você estiver feliz, me paga o que achar melhor", ele propôs. Parecia um bom negócio, apesar da obscura proposta de pagamento cheirar a enrolação. Àquela altura do campeonato eu só pensava em ver as pirâmides e aceitei, sem pensar muito.

As pirâmides de Gizé são as únicas das Sete Maravilhas do Mundo Antigo que ainda existem. Elas ficam dentro de um complexo murado, que tem entrada paga. De um lado, está a cidade do Cairo, e do outro um mar de areia. É o plateau de Gizé, por onde turistas passeiam de camelo ou cavalo. As pirâmides foram construídas cerca de 2.500 anos antes de Cristo como tumbas para os reis Quéops, Quéfren e Miquerinos — pai, filho e neto, faraós que governaram o Antigo Egito. São três construções dispostas em diagonal e feitas de pedras imensas sobrepostas. A maior delas, Quéops, é da altura de um prédio de cinquenta andares.

Além de guardar os corpos embalsamados e mumificados dos faraós, as pirâmides abrigariam itens que os faraós usariam na vida após a morte. Isso porque as pessoas no Antigo Egito acreditavam que a morte na Terra era o início de uma jornada para outro mundo.

No mesmo complexo a leste também está a Grande Esfinge. A estátua teria sido esculpida a partir de uma única pedra de calcário entre 10000 e 2000 a.C. É um corpo de leão com a cabeça de um homem (que alguns especialistas dizem ser o faraó Quéfren).

No alto das pirâmides, havia placas em árabe e inglês proibindo escaladas. Apesar de íngremes e gigantescas, as pirâmides eram escaladas com frequência por turistas. "Muita gente morreu, despencou lá de cima ou subiu, mas não conseguiu descer, tendo de ser resgatada de helicóptero. Por isso proibiram oficialmente as escaladas", contou Mohamed.

Tudo é imenso, colossal aos olhos. Impossível de medir. De uma grandeza sobre-humana, que me fez sentir minúscula, mas também me fez ver o homem de um tamanho tão gigante como eu nunca tinha visto antes. Talvez uma experiência parecida seja andar pela Grande Muralha da China, pensei, meio duvidando.

E mesmo havendo teorias e histórias para explicar aquilo tudo, muito escapa à razão. Talvez seja a antiguidade das pirâmides. Ou o extraordinário de o homem ter pensado ali pela primeira vez sobre a vida após a morte. Há algo de inexplicavelmente encantado nisso tudo que fica guardado em algum espaço da mente. E a gente só percebe algum tempo depois. Eu percebi quando voltei ao Brasil e sonhei com o Egito por semanas.

Ao final do passeio, negociei com meu guia Mohamed um valor pelo tour nas pirâmides. Propus pagar-lhe o preço do ingresso para o complexo, 60 libras egípcias. Ele disse que era pouco e pediu 200 libras, fechamos em 120 libras. Eu estava admirada demais com as pirâmides e cansada demais do estresse da vida cotidiana no Cairo para insistir em um desconto. Só queria, naquele momento, voltar logo a Beirute.

De volta ao albergue de táxi, fiz o check-out correndo e fui me encontrar com João Paulo num café ali perto. Uma amiga brasileira em comum tinha nos colocado em contato via Facebook.

Muito magro, ele usava óculos escuros grandes, tinha um cabelo despenteado de propósito e um visual estiloso. Cursava relações internacionais no Sul do Brasil e tinha trancado a faculdade para fazer um estágio de três meses no Cairo. De lá, iria para um intercâmbio na França. Antes, tinha morado por anos na China, viajou toda a Ásia, falava chinês fluente. Enquanto conversávamos, tomei um suco de manga e ele fumou um cigarro atrás do outro.

João Paulo estava radiante com a experiência de trabalho voluntário na ONG egípcia Tadamon, que assistia refugiados no país. A maioria vinha de países africanos mais pobres ao sul do Egito como o Sudão e a Somália, mas também muitos sírios estavam chegando ao país naquele momento, por causa do arrefecimento da guerra civil em sua terra natal. "Eles não gostam do Egito em geral, dizem que aqui é muito sujo, que a comida é ruim. A maioria tem boas condições de vida, fez faculdade. Eles não se consideram refugiados, dizem que estão de passagem aqui, como se fosse férias, e que voltarão para a Síria quando a guerra acabar", ele contou. Em janeiro de 2013, o governo egípcio estimou que havia cerca de 120 mil refugiados sírios no Egito, mas o número real era provavelmente muito maior, já que grande parte dos sírios não se registrava como refugiado. "Lidar com a expectativa dos sírios de voltar ao país deles é a parte mais difícil. O maior problema é o tédio; como a maioria deles não tem emprego, muitos ficam em casa o dia todo ou só saem para ir aos cafés", explicou João Paulo.

Ele me contou também que as mulheres sírias são bonitas e vaidosas. Reclamam dos hábitos egípcios, da alimentação gordurosa, da falta de exercícios. Dos comentários das sírias, passamos às nossas próprias impressões sobre as mulheres egípcias, suas dicotomias e o tabu da sexualidade no país. "Elas podem ser bem machistas, é impressionante. Culpam as próprias mulheres por assédios, e ao mesmo tempo que andam supercobertas há um monte de lojas de lingeries que parecem sex shops nas principais ruas do centro da cidade. É difícil de entender", disse João Paulo.

Eu concordava. Se o machismo e os valores patriarcais eram as principais causas do assédio às mulheres no Egito, o tabu da sexualidade era o elefante branco na sala. "A sexualidade é um problema enorme no Egito. Grande parte dos homens é virgem até uns vinte e oito anos. Em festas ou boates, tentam abordar ou abusar de estrangeiras, justamente porque sabem que das egípcias não vão conseguir nada", explicou.

João Paulo era gay. Ele me contou que tinha um namorado egípcio. Quando saem juntos em público, nunca podem estar sozinhos, não se falam nem se tocam. No Egito, discutir direitos das mulheres é um desafio, mas falar publicamente sobre homossexualidade é impossível. É um debate que não existe.

A família do namorado egípcio de João Paulo sequer pode sonhar que ele é gay. Já ofereceram ao jovem egípcio um casamento arranjado, mas ele negou. "Ele pode rejeitar um casamento até cinco vezes, mas depois provavelmente vai ter que se casar só pelas convenções", contou João Paulo.

Seu namorado também pensava na possibilidade de sair do país, casar só no papel com uma estrangeira para acalmar os ânimos da família e ter papéis para morar no exterior e lá poder ter uma vida assumida como homossexual.

Para poderem ficar juntos com mais liberdade, os dois escapavam viajando pelo país. "Nesse último fim de semana, fomos a Luxor e Aswan; no próximo, vamos para o Sinai. Pelo menos podemos ficar juntos. Aqui no Cairo eu divido apartamento com mais oito pessoas e ele mora com a família. Ninguém aqui sai de casa antes de casar", disse João Paulo.

Ele me mostrou uma foto do namorado no celular. Um jovem muito bonito e sorridente, de pele bem branca, cabelos escuros e traços delicados. João Paulo frequentava a casa do namorado e já conheceu toda sua família, mas foi apresentado como um amigo. Do seu lado, era o oposto. Homossexual assumido, João Paulo não escondia sua orientação sexual de sua família no Brasil, nem seu namorado egípcio. "Quando contei para meu namorado que minha irmã queria conhecer ele pelo Skype e sabia que ele era meu namorado, ele quase pirou. Não conseguia acreditar e depois não conseguia entender como era possível", contou.

Fiquei triste imaginando a vida clandestina e os preconceitos que os dois jovens têm de enfrentar por serem gays no Egito em pleno século XXI. A homossexualidade é condenada e até punida com pena de morte em países da África, Oriente Médio e Ásia atualmente. E mesmo no Ocidente ela ainda é vista com maus olhos por sociedades mais tradicionais ou religiosas. Casamentos civis gays começam a ser permitidos em alguns países do mundo. A Agência da ONU para Refugiados já possui diretrizes sobre o tema, mas na prática são ínfimos os casos de refúgio concedido às vítimas de perseguição de gênero no mundo. Isso porque são poucos os países que garantem esse tipo de proteção.[13]

---

[13] Ver UN High Commissioner for Refugees (UNHCR). *The Protection of Lesbian, Gay, Bisexual, Transgender and Intersex Asylum-Seekers and Refugees*, 22 set. 2010. Disponível em: <http://www.refworld.org/docid/4cff9a8f2.html>.

"Lésbicas, gays, bissexuais, travestis, transexuais e transgêneros estão entre os indivíduos mais perseguidos no mundo hoje. Setenta e oito países criminalizam as relações de pessoas do mesmo sexo e sete dessas nações preveem a pena de morte para esse tipo de conduta sexual", informou em seu site na internet a ONG americana ORAM — organização internacional que advoga em defesa dos refugiados LGBTTT que fogem de seus países por causa da perseguição por sua orientação sexual ou identidade de gênero.

* * *

Do café com João Paulo, saí correndo para o aeroporto. E de lá para Beirute. A viagem ao Egito tinha sido uma das experiências mais intensas de minha vida. Sonhei com o Cairo por muitas e muitas noites depois disso. Quase seis meses mais tarde, em Genebra, um dos sonhos que tive foi assim:

Ela tinha vivido 3.141.592 anos dentro de uma garrafa. Rodou o mundo incontáveis vezes e acabou num belo dia de sol e calor na mesquita de Amr, no Centro Velho do Cairo. Construída em 642, era a primeira do continente africano.

Partira em busca de um segredo. E, agora, acreditava tê-lo encontrado. Estava escondido no interior de uma das colunas de pedra do pátio principal da mesquita. Não era possível vê-lo, mas bastava encostar o ouvido no pilar para ouvi-lo. Quem contou isso para ela foi um escritor argentino que conhecera na Espanha, o nome dele era Jorge Luis.

Tudo começou quando ela aprendeu a perguntar por quê. Logo viu que havia mais perguntas do que respostas no mundo. Partiu em uma jornada homérica, fadada a um destino chamado lugar-nenhum-além-de-si-mesma. Primeiro, ela tinha estudado filosofia com os gregos, depois procurou Deus com os judeus, os cristãos e os muçulmanos. Enveredou, então, pela literatura, e tomou chá com Alice no País das Maravilhas. Encolheu, ficou gigante, caiu pela toca do coelho. E nada. Visitou também o planetinha onde habitava o Pequeno Príncipe, mas não encontrou sua resposta ali. Só mais tarde entendeu que buscava o absoluto no momentâneo. O universo em um só ponto do espaço. Chamavam isso de Aleph. O nome vinha da primeira letra dos alfabetos fenício, aramaico, siríaco, hebraico e árabe.

Jorge Luis tinha encontrado um Aleph uma vez em um sótão e dele viu todo o universo. Depois nas ruas todas as caras lhe pareceram familiares. "Temi que não houvesse sobrado uma só coisa capaz de me surpreender", escreveu ele, mais tarde, em um conto. Estudiosos deram aos seus escritos o título de gênero fantástico porque apenas o leram.

Ela sabia, porém, que o extraordinário era real e não fantasia. Na porta da mesquita, um tigre guardava a entrada. Em vez de decrifra-me ou te devoro, ele disse:

— *Amor da minha vida, você finalmente chegou, mas por que agora?*

Era um verso persa, em forma de charada. Ela entendeu e respondeu:

— *Toda a raça de Adão é membro de uma mesma forma. Já que todos, originalmente, vieram da mesma essência.*

Ela citava o poeta Saadi, descendente de Ali, genro do profeta Maomé, que nascera em Shiraz, no século XIII, e viajara por mais de trinta anos pelo mundo islâmico.

O tigre sorriu e lhe respondeu:

— A escuridão é a vela que levas. O que não encontrarás é o que procuras.

Citava Rumi, o maior dos poetas persas sufi do século XIII. E derrubou de sua boca um presente: era um cordão de ouro, com um pingente gravado o Kursi Surah, verso sagrado do Corão, que os muçulmanos acreditam assegurar proteção divina. Ela colocou no pescoço.

Em seguida, o tigre abriu passagem. Quando ela já seguia em direção ao pátio da mesquita, ouviu um rugido às suas costas. Assustada, deu um pulo. "Cuidado com o Zahir!", alertou o tigre.

Ela sabia que o Zahir era uma lenda do folclore islâmico do século XVIII, um objeto que ao ser avistado despertava desejo e rapidamente se tornava uma obsessão, desconstruindo a realidade e por vezes até levando à loucura. Em outros lugares e tempos, um astrolábio tinha sido um Zahir, o fundo de um poço, uma mulher, uma moeda. Segundo o mito, tudo sobre a Terra poderia ser um Zahir, mas uma só coisa de cada vez.

Ela não queria se distrair ou se perder agora que estava tão perto do segredo. Com o coração batendo no peito aos pulos, fechou os olhos para ver melhor e correu em direção à coluna de pedra certa. Um segundo antes de encostar o ouvido ali, num breve piscar de olhos, vislumbrou uma vela de brilho intenso dentro da mesquita. Era tarde. Foi tragada por um vendaval e subiu no alto do céu. Lá de cima, contemplou o mundo todo, mas o que viu lá embaixo foram estrelas infinitas, como num reflexo do céu. Ela via ao longe as luzes todas, conseguia distinguir cada uma, seu brilho, tamanho, forma e cor.

Teve, então, certeza de que a visão da vela um segundo antes do Aleph era um Zahir. Lembrou da história que um dia ouviu um poeta uruguaio de nome Galeano contar.

E entendeu que o Zahir era a parte mais importante da jornada e da busca, era a chave para ler a vida. Ela podia ouvir Galeano em sua cabeça: "O mundo era isso, um monte de gente, um mar de foguinhos. Não existiam dois fogos iguais, cada pessoa brilhava com luz própria entre todas as outras. Existem fogos grandes e fogos pequenos, e fogos de todas as cores. Existe gente de fogo sereno que nem fica sabendo do vento. E existe gente de fogo louco, que enche o ar de faíscas. Alguns fogos, fogos bobos, nem iluminam nem queimam. Mas outros ardem a vida com tanta vontade que não se pode olhá-los sem pestanejar e quem se aproxima se incendeia."

Ela contemplava as luzes em silêncio, voando entre elas. A beleza daquela imagem quase lhe escapava pelos olhos, em lágrimas. Viu amigos, seus irmãos, seus pais; viu uma moça dançando, um menino correndo na grama, um homem fumava um cigarro enquanto andava pelas dunas de um deserto, outro cuidava de um elefante, um casal andava de bicicleta na beira de um lago; viu a si mesma do avesso.

Viu, num balanço, mãe e filha sentadas lado a lado. Olhavam o céu. Aquelas luzes serviam para nos lembrar das estrelas que tínhamos dormindo no coração, a mãe havia contado à menina. "E como a gente faz para acordar essa estrela, mãe?", perguntou curiosa. A mãe abraçou a menina e respondeu: "Ela acorda quando a gente ama."

Conclusão

> *Será a democracia, tal como a conhecemos, o único desenvolvimento possível em termos de governo? Não será possível dar um passo mais além no sentido do reconhecimento e da organização dos direitos do homem?*
>
> Henry David Thoreau, *A desobediência civil*

A transição tem um quê anárquico no Egito. "As minorias estão sempre em risco maior neste momento", me lembrou meu colega do curso de árabe Jeremy, depois que retornei a Beirute. Foi um dos embarques mais felizes da minha vida, Cairo-Beirute. Cheguei a ficar emocionada, com os olhos marejados, quando o avião pousou no Líbano. Uma mistura de saudade e alívio. De um país árabe onde, depois de uma guerra civil de quinze anos e um arranjo político forçado, diferentes religiões coexistem, as ruas são liberais e os estrangeiros bem-vindos. Meu primeiro pensamento foi agradecer pela existência do Líbano e o segundo foi torcer para que o país não vivesse nenhuma revolução nos próximos anos.

"Mas você pensa isso porque estava de passagem pelo Líbano. A vida aqui é muito ruim para quem vive no país todo dia, por anos. E é por isso que as pessoas querem mudanças, é por isso que talvez haja uma revolução aqui também", me disse Issa mais tarde quando conversamos por Skype. Era um banho de água fria e ele estava certo. Nessa época, Issa estava morando em Sour, no sul do Líbano. Uma cidade bonita e pequena à beira-mar, onde faltava luz a cada três horas. Por lá, a maioria das mulheres usava véu e as famílias eram muçulmanas mais tradicionais do que em Beirute. Mas no verão as praias ficavam cheias de turistas estrangeiros de biquínis e maiôs. E estava tudo bem.

Como brasileira, eu gostava e me identificava com a contradição ou com a diversidade do Líbano. Já no Cairo, como mulher, ocidental e andando sozinha pelas ruas, me senti em perigo. Muitas vezes e mais do que deveria ou imaginaria numa cidade tão grande e cosmopolita como aquela. Nunca me senti assim antes andando pelas favelas do Haiti ou cruzando sozinha de ônibus a fronteira de Uganda com o Sudão do Sul. No Cairo, fui xingada, cantada, assediada e seguida por homens nos metrôs, cafés e ruas.

Depois das 18h, muitos amigos me aconselharam a não sair à rua sozinha. Tive sorte, nada de grave aconteceu comigo, mas ouvi relatos de outras mulheres egípcias vítimas de ataques em grupo durante protestos, outras me contaram como era comum um homem molestar ou "passar a mão" em uma mulher dentro do ônibus ou no meio da rua.

De acordo com ONGs locais e a Anistia Internacional, 83% das mulheres egípcias já passaram por algum tipo de assédio sexual — de comentários obscenos a contatos físicos forçados. Pesquisa citada pelo jornal egípcio *Ahram* informava que cerca de 80% das egípcias e 95% das estrangeiras já teriam sido molestadas no país.

De dez amigas e conhecidas estrangeiras minhas que estiveram no Egito, dez reclamaram de terem sido assediadas. A maioria me disse que não voltaria ao país. E, segundo minha amiga jornalista e historiadora Paula Carvalho, que já viajou pelos confins mais remotos da Ásia (incluindo a Rota da Seda completa), assédio às mulheres igual ao do Cairo só se via na Malásia.

A maneira como a sociedade egípcia tratava as mulheres me perturbou profundamente. Talvez porque os homens tenham transgredido o limite da abordagem verbal, à qual a maioria das mulheres está sujeita em qualquer canto do Brasil, Argentina, China ou Paris. Era inverno e apesar de não fazer frio eu estava sempre bem coberta, me vestindo com discrição em respeito aos costumes locais. Quando estava sozinha ou caminhando de noite, ou quando tinha meu cabelo solto, tive a impressão de chamar mais atenção. Mesmo as católicas coptas (que são muitas na cidade) em geral usam o cabelo preso, em coque baixo ou com piranhas.

Também fui bem-tratada e bem acolhida no Cairo. As pessoas conversam com estranhos nas ruas, são muito solícitas para dar informações e, às vezes, até o acompanham até o endereço que você procura. Homens e mulheres. Não dá para generalizar a crítica à sociedade egípcia, obviamente, mas também é impossível calar sobre ela.

"Não é questão de ser um Estado islâmico ou não, é um problema da sociedade egípcia. Era assim também antes da revolução", afirmou minha amiga Olivia enquanto conversávamos em um café de Beirute sobre minha viagem. O pai dela, diga-se de passagem, é egípcio, e ela visitou o país várias vezes durante os anos Mubarak.

Foi no Egito também que conheci os jovens mais vibrantes e entusiasmados dessas minhas viagens pelo Oriente Médio. As pessoas participavam ativamente da política, de ONGs, debates e causas sociais. A minha sensação era de que o país pulsava, estava vivo.

Depois do meu retorno a Beirute, fui com Olivia ao cinema assistir a *Lincoln*. O filme de quase três horas retrata os percalços do governo do 16º presidente americano em meio a duas grandes batalhas internas: a guerra civil e a disputa pelo fim da escravidão. Após quatro anos de confrontos e milhões de mortos, Lincoln ganha a guerra contra o Sul e consegue aprovar no Congresso a abolição da escravidão. O filme é uma apologia à democracia. E, claro, ao modelo liberal capitalista dos Estados Unidos.

Em determinada cena, um personagem defende que a abolição seria um absurdo. E emenda dizendo algo como: "E depois, o que será? Os negros vão poder votar? As mulheres também?" Olivia e eu nos entreolhamos chocadas. Como mudou o mundo de 1850 para cá! Mesmo quando era promulgada a abolição da escravidão nos EUA, o direito das mulheres ainda não estava nem em debate, apesar de o país ser já naquela época considerado um Estado democrático.

Mais de 150 anos depois, a Primavera Árabe levou milhões às ruas do mundo árabe e gerou uma onda de queda de ditadores sem precedentes na história da região. E a democracia de certa forma virou a "novidade" no Oriente

Médio. Apesar de a maior parte dos especialistas discutir apenas se Egito, Tunísia, Líbia, Iêmen e Síria seguirão os modelos da Turquia ou do Irã para se tornarem Estados islâmicos democráticos, a verdade é que as possibilidades de formatos são muitas. A cena política do mundo árabe está se reinventando neste momento e não é possível prever qual será o desfecho.

Quem sabe o futuro da Primavera Árabe seja a Indonésia? Conversando com Jeremy num café em Beirute pensamos sobre essa possibilidade. Ele morou na Indonésia por dois anos antes de se mudar para o Líbano. Em fevereiro, retornaria com sua esposa para a terra natal deles, os EUA, para ser professor e pesquisador na Universidade de Boston.

Jeremy estava escrevendo um livro justamente sobre a Indonésia e seu modelo de governo islâmico democrático. "A Indonésia está dez anos à frente do que acontece hoje nos países árabes que viveram a Primavera", ele me disse. No país asiático — a maior nação muçulmana do mundo —, uma ditadura deu lugar a uma democracia islâmica, hoje consolidada depois de várias eleições que contaram com a participação de partidos políticos religiosos e seculares. Com o tempo, segundo Jeremy, a tendência mais forte na cena política do país se tornou a moderação política. Islamistas e seculares moderaram suas posições após as urnas indicarem que essa é a preferência dos eleitores. E o debate de um Estado secular versus um Estado islâmico morreu.

Na Indonésia, ele me explicou, a religião fazia parte de todas as esferas do país e de suas instituições. O Judiciário é independente, mas há a aplicação da charia em algumas regiões do país. Por exemplo, a mulher não pode sair de casa depois das 22h ou andar na garupa de uma moto com as pernas abertas. Ironias, charges ou representações da imagem de Maomé também são vetadas. "Isso pode ser interpretado como censura pelo Ocidente laico, mas na verdade é um modelo de sociedade que valoriza a religião em todas as esferas da vida pública. Alguns grupos de combate à corrupção no país, por sinal, começaram a ganhar adeptos com slogans religiosos como 'um bom muçulmano não agiria assim'", contou Jeremy.

Como a maioria do norte da África e do Oriente Médio é islâmica, a tendência é de no futuro essas regiões experimentarem democracias religiosas. Para Jeremy, essa perspectiva é boa. Ele acredita também que o Ocidente retornará mais à religião em vinte anos. "Se você ouvir o discurso de Barack Obama ontem [posse do segundo governo do presidente dos EUA em 2012], dá para perceber várias alusões a Deus e à religião. George Bush também era um homem muito religioso", acrescentou ele.

Sem a religião em pauta, restou à Indonésia outro desafio colossal: combater a pobreza e a corrupção. "O maior problema da Indonésia hoje é a corrupção. Você não faz nada, não dá um passo, sem pagar um suborno a alguém. Mas isso não está relacionado ao fato de o país ter um governo islâmico. Está ligado ao fato de o país ser pobre. É a mesma coisa que ainda acontece em países da América Latina e da África", explicou Jeremy.

Por isso, também há quem defenda o retorno do autoritarismo ou da ditadura na Indonésia. São os temores em relação à insegurança e à injustiça que alimentam este tipo de pensamento. "É a mesma coisa que acontece hoje na Tunísia, na Síria, na Líbia ou no Egito. O Estado de direito está ameaçado. E as pessoas percebem que queriam a liberdade, mas há um preço a pagar por ela", disse Jeremy.

O filósofo polonês Zygmunt Bauman tem uma teoria sobre isso. Ele afirma que segurança e liberdade se alternam no mundo, como se estivessem cada uma em um prato de uma balança em irreconciliável desequilíbrio. A todo tempo, como sociedade e como indivíduos, escolhemos uma em detrimento da outra.

"O maior risco às nascentes democracias árabes não são os extremistas ou radicais, mas sim a classe média empobrecida e insegura, que pode estar disposta a defender o retorno do autoritarismo. Quem somos nós para dizer que eles estão errados? Talvez nem sempre a democracia como a conhecemos hoje seja a melhor opção para garantir segurança e dignidade", refletiu Jeremy.

* * *

Quando retornei para o Brasil de Beirute, no avião foi exibido o filme *Depois de maio*, do diretor francês Olivier Assayas. Ele conta as desventuras de Gilles, um estudante universitário francês em meio à atmosfera criativa e política de Paris no pós-1968. O jovem fica dividido entre a luta política e o sonho de ser artista. Em busca de seu caminho, ele viaja pela Itália e pelo Reino Unido, faz amigos, amores, vive em comunidades hippies, usa drogas, lê Marx e ouve rock. Sua jornada representa a da geração de 1968. Os jovens tomaram as ruas em protestos. Multidões fizeram barulho em cidades do mundo todo gritando "Power to the people" [O poder para as pessoas]. A repressão foi dura, mas não calou ninguém.

Impossível não traçar um paralelo com o que eu acabara de ver acontecendo no Oriente Médio e no norte da África. Vi adesivos de Che Guevara, líder da revolução cubana, colados em carros nos confins da Tunísia, vi grafites com slogans de 1968 em muros do Líbano: "É proibido proibir" e "Sejam realistas, exijam o impossível". A Primavera Árabe era um eco de 1968 e não era o único.

Em 2011, uma impressionante onda de manifestações se espalhou pelo globo, algumas inspiradas nas outras.

Primeiro, veio a Primavera Árabe, em busca de democracia. Depois, os "indignados" da Europa, querendo empregos. Seguiram-se estudantes chilenos e uma onda de protestos na Inglaterra que muitos consideram mero vandalismo. Enfim, o movimento anticorrupção indiano e, em 2013, os multifacetados protestos no Brasil, quando milhões saíram às ruas do país contra a falta de investimento em Educação e Saúde, contra a Copa, a violência e o governo.

"É impressionante a quantidade de manifestações de rua hoje. O sistema político roubou a voz dos jovens e a capacidade de eles serem ouvidos. A rua se tornou o palco para a política, como em 1968", disse Saskia Sassen, socióloga da Universidade Columbia (Nova York) e autora de *Sociologia da globalização*. Entrevistei-a para reportagem sobre o tema publicada pelo jornal *Folha de S.Paulo* em 21 de agosto de 2011.

"Podemos comparar os dois momentos, mas o que acontece agora é o desejo de uma sociedade razoável, decente, com educação, emprego. Uma busca por justiça social ainda mais ampla do que em 1968. As pessoas veem seus governos enriquecidos e se revoltam", acrescentou ela.

Em comum entre os protestos, Sassen vê como pano de fundo a desigualdade. Já Eugenio Tironi, sociólogo chileno e colunista do jornal *El Mercurio*, disse que o motivo por trás do mal-estar não é a desigualdade em si, mas a menor tolerância dos jovens.

"A geração de hoje é quatro vezes mais escolarizada do que há vinte anos. Haviam dito a eles que o caminho para o fim da desigualdade era a educação", afirmou.

Tironi vê hoje uma revolução da classe média e diz que os jovens chilenos lutam por novas instituições, em atitude utópica, paralela à da geração de 1960. "Temos instituições que foram criadas para colocar o país em ordem, depois da ditadura de Pinochet (1973-90), e agora precisamos de instituições que respondam à complexidade e diversidade. Acredito que elas surgirão a partir desses protestos."

Tironi e Sassen concordaram que o mundo atravessa um momento de mudanças. E a tendência é que os protestos continuem, por todo canto. "Acho que estamos vendo apenas o começo. Há uma busca por mais democracia e mais igualdade", diz a especialista.

* * *

Um dos principais catalisadores desses movimentos sociais foi um ensaio escrito por Stéphane Hessel e publicado em 2010 sob o título de "Indignai-vos". No mesmo ano, o panfleto de pouco mais de trinta páginas vendeu

3,5 milhões de exemplares no mundo. Era um convite à indignação feito por um homem que sobreviveu ao nazismo, fez parte da Resistência Francesa, foi diplomata e um dos autores da Declaração Universal dos Direitos Humanos, em 1948. Em determinado trecho do livro, Hessel afirma:

> *Eu desejo a todos vocês, a cada um de vocês, que tenham seu motivo de indignação. Isto é precioso. Quando alguma coisa nos indigna, como fiquei indignado com o nazismo, nos transformamos em militantes; fortes e engajados, nos unimos à corrente da história, e a grande corrente da história prossegue graças a cada um de nós. Essa corrente vai em direção de mais justiça, de mais liberdade.*

Mais tarde, com o colega filósofo Edgar Morin, ele publicou outro livreto, *O caminho da esperança*, sua última obra antes de morrer no início de 2013, aos 96 anos. Se "Indignai-vos" era um grito de protesto contra o conformismo, o livro seguinte fez um diagnóstico dos males do mundo contemporâneo e propôs orientações para reformas econômicas, sociais, políticas e do meio ambiente. Novamente, as ondas de protestos pelo mundo foram identificadas como o grande sintoma de um mundo em transição:

> *Nossa corrida para o abismo já suscitou, em diversos pontos do planeta, situações explosivas que explicam e justificam a proliferação geográfica do movimento dos Indignados. O crescimento das desigualdades, o cinismo insolente das corrupções, um desemprego endêmico são*

alguns dos pontos comuns no coro dos revoltados da Primavera Árabe, dos indignados da Espanha e da Grécia, de Israel e do Chile, dos insurgentes de Londres e das grandes cidades inglesas, dos protestatários de Israel, das insurreições ocorridas na Índia.

Hessel e Morin falam em governança mundial, em política do bem-viver, em polirreformas, na remoralização. Conceitos que, apesar de distantes ou utópicos à primeira vista, certamente podem ser adotados pelas sociedades, assim como a escravidão ou o voto das mulheres já foram paradigmas e, por outro lado, a Declaração Universal dos Direitos Humanos, a ONU, a internet ou a democracia direta da Suíça foram "inventadas". Afinal, os homens são seres que fazem sua própria história, ou seja, o mundo social por nós construído pode ser mais bem entendido e modificado do que o mundo natural. Quem disse isso foi o filósofo italiano Giambattista Vico, que viveu entre os séculos XVII e XVIII, e cujo trabalho inspirou Marx e Engels. Vico estava certo. Bem como Mahatma Gandhi, que acreditava que "devemos ser a mudança que queremos ver no mundo". E os milhões de jovens árabes que saíram às ruas da Síria, da Tunísia, da Líbia, do Iêmen e do Egito, aos gritos de "O amanhã é seu, se você lutar por ele", eles criaram a Primavera Árabe e mudaram o mundo.

Referências na internet

Acnur (Agência da ONU para os Refugiados): www.unhcr.org.
Ahram (jornal egípcio com versão em inglês): www.english.ahram.org.eg.
Al Akhbar (jornal libanês): english.al-akhbar.com.
Al Jazeera: www.aljazeera.com.
Anistia Internacional: www.amnesty.org/en.
Art Circle (galeria de arte em Hamra): www.art-circle.net.
Art on 56th (galeria de arte em Beirute): www.arton56h.com.
Cairo Institute for Human Rights Studies: www.cihrs.org.
Caritas Internacional: www.caritas.org.
Comitê Internacional da Cruz Vermelha: www.icrc.org.
Daily Star (jornal libanês, em inglês): www.dailystar.com.lb.
Dina's Hostel: http://dinashostel.com.
Egyptian Center for Women's Rights: http://ecwronline.org.
Embaixada do Brasil no Líbano: www.brazilembassy.org.lb.
Folha de S.Paulo: www.folha.com.br.
HarassMap (ONG egípcia): www.harassmap.org/en.
Human Rights Watch (HRW): www.hrw.org.
Instituto da Cultura Árabe: www.icarabe.org.
IRIN (serviço de notícias humanitárias das Nações Unidas): www.irinnews.org.
MideastWire (agência de notícias): www.mideastwire.com.
ORAM: www.oraminternational.org.

Saifi Gardens (hostel em Beirute): www.saifigardens.com.
Saifi Institute for Arabic Language: www.saifiarabic.com.
Soliya: http://www.soliya.net.
Syria Regional Refugee Response (site da ONU com dados atualizados sobre os refugiados sírios): http://data.unhcr.org/syrianrefugees/regional.php.
Unifil (Missão de Paz da ONU no Líbano): unifil.unmissions.org.
Wikileaks: http://wikileaks.org.

Este livro foi composto na tipologia
ITC Berkeley Oldstyle Std, em corpo 11,5/15, e
impresso em papel off-white no Sistema Cameron da
Divisão Gráfica da Distribuidora Record.